gerd quedenbaum

Zwischen Obereider und Untereider

EIDER-VERLAG
DÜSSELDORF

ISBN 3-921908-04-3

© by EIDER-VERLAG
ArGe Buchvertrieb
DÜSSELDORF

ALLE RECHTE VORBEHALTEN
Abschrift, Ablichtung und Nachdruck
auch teil- oder auszugsweise verboten,
Ausnahmen bedürfen der ausdrücklichen,
schriftlichen Zustimmung des Verlages.

Illustrationen von
Gerd Quedenbaum

*Als eine Aufführungsidee entstand
das vorliegende Buch nach
vielen Erzählungen älterer Mitbürger.
Ihnen allen möchte ich an dieser Stelle
meinen Dank sagen für ihre Mitarbeit und Geduld,
die sie mir und meinem Vorhaben
entgegenbrachten.*

INHALTSVERZEICHNIS

	Seite
Einleitung	7
I. Teil KRIEGSZEITEN	
Nachbarschaft	27
In Rendsburg	45
II. Teil REVOLUTION	
Scheet di doot, seggt he…	57
Bin wieder da	77
III. Teil FRIEDENSZEITEN	
Leben…	95
…und leben lassen	121
IV. Teil INFLATION	
Von der Hand in den Mund	127
Handel und Wandel	139
…in der Klemme	153
V. Teil VERÄNDERUNGEN	
Einmal so…	161
…und einmal so	175
VI. Teil BRÜDER	197
Verzeichnis der Illustrationen	210

EINLEITUNG

Geschichte, insbesondere Heimatgeschichte wird erst lebendig, wenn hinter ihren Daten und Attributen die ungekünstelten Lebensbilder der Menschen hervortreten. In diesem Sinne ist das vorliegende Buch ein heimatgeschichtliches Feuilleton, ein Unterhaltungsbuch also. Vor dem Hintergrund großer, übergeordneter Geschehnisse erzählt es von dem Leben in Rendsburg, teilweise auch in Büdelsdorf, in der Zeit von 1918 bis 1932. Zugleich ist dies ein Versuch, umgangssprachliche Ausdrucksformen wiederzugeben, wie sie den Menschen zwischen Obereider und Untereider eigen sind.

Alle in dieser Arbeit genannten Personen haben tatsächlich gelebt, ihre Geschichten sind verbürgt in den Erzählungen von Augenzeugen. Allein die Kinder- und Jugendjahre des Willi Mumm mit seiner Mutter wurden für dieses Buch aus dem Leben mehrerer Personen zusammengeschnitten, dafür gab es naheliegende Gründe. Im übrigen wird Mumm nicht durchgängig betrachtet. Lediglich zur Verdeutlichung allgemeiner und besonderer Lebensumstände erscheint er hier in verschiedenen wichtigen Lebensabschnitten sozusagen in Totalaufnahme.

Die zunächst folgende Darstellung überheimatlicher Geschichte soll nur rekapitulieren, soll einstimmen in die erste entscheidende Phase unseres in so mancher Beziehung denkwürdigen 20. Jahrhunderts.

Krieg

Schuld am Krieg hat immer der Gegner. Ein Dummkopf, wer zu den Waffen ruft und diese Behauptung nicht für sich in Anspruch nimmt; wie sonst könnte er seinen *heiligen Krieg* rechtfertigen. Das galt schon immer für alle Seiten und war 1914/1918 nicht anders.

Mit nationalem Stolz und überzeugt von ihrer siegenden Kraft, so zogen sie alle mehr oder weniger *fröhlich pfeifend* ins Feld: Die Österreicher und Ungarn, die Deutschen, Türken und Bulgaren, die Serben, Kroaten und Russen, Franzosen, Holländer und Belgier, die Engländer und ab 1915 auch noch die Italiener. Amerika gesellte sich erst im April 1917 zu den Alliierten, nachdem Rußland sich für die Revolution entschieden und den Krieg nahezu aufgegeben hatte. Natürlich wurde auch in Afrika, im nahen und fernen Osten gekämpft; das machten schon die Kolonialinteressen der damaligen Mächte, von anderen Gründen ganz zu schweigen.

Wo nicht für die Befreiung, von was auch immer, da kämpfte man für Kaiser und Reich, für König und Vaterland oder für die selbstverständlich „freiheitliche" Republik, welcher Nationalität sie auch immer sein mochte oder erst noch werden sollte, wie zum Beispiel auf dem Balkan.

Für die Militärs aller Seiten brachte der Krieg eine böse Überraschung. Ihre bis dahin geltenden Strategien der offenen Feldschlacht waren plötzlich ungültig. Es war nichts mehr mit dem auf einzelne Plätze konzentrierten Krieg, den das Feldherrnauge noch überblicken konnte. Es war nichts mehr mit den gegeneinander stürmenden Formationen leuchtend bunter Uniformen. Und es war auch nichts mehr mit der früher einmal so bedeutsamen Kavallerie, der nur in den Weiten des europäischen Ostens und Südostens noch eine kurze Gnadenfrist gegeben war.

Die Technik revolutionierte den Krieg.

Schienenfahrzeuge und Kraftwagen machten die Truppen noch schneller und das von nun an immer schwerer werdende Kriegsgerät noch beweglicher. Aus eigener Kraft fuhren Tanks über die Felder; das waren nach heutiger Vorstellung klobig unförmige Panzer, oben und an den Seiten mit Kanonen ausgerüstet. Es gab „Maschinen"-Waffen, Flugzeuge und erstmals auch chemische Kampfmittel. Die Militärs sahen sich dadurch zu völlig neuen, zu ungewohnten Strategien gezwungen, die sie vorher nirgendwo hätten erlernen können.

KRIEGSFRONT

In Deutschland bejubelte man erst noch den schnellen Vormarsch der eigenen Truppen, den Sieg bei Tannenberg, die bescheidenen Erfolge in der anfangs noch siegreich überstandenen Marneschlacht. Mit Schmerz, aber voller Stolz betrauerte man das sinnlose *Heldenopfer* der Freiwilligenregimenter bei Ypern. Und wieder feierte man einen Sieg nach dem anderen: Die Schlacht in den Masuren, die siegbestimmende Teilnahme unserer Truppen an den Kämpfen in Galizien, die Eroberung der Festungen in Litauen und im Osten Polens. Es schien tatsächlich so, als marschierten die *braven Soldaten des Kaisers* von Sieg zu Sieg, und als dauere das ganze Theater nur deshalb etwas länger als erwartet. Aber weder 1914 noch 1915 war es 'was mit der Siegesfeier unter dem Tannenbaum. Und dann begannen auch schon die Monat um Monat und Jahr für Jahr andauernden Menschen- und Materialschlachten an der nahezu stehenden Westfront.

Wenn nicht gerade um lächerlich wenige Meter an Boden gestürmt und gekämpft wurde, dann versteckten sich die Gegner wie graue Mäuse voreinander, gingen in Grabendeckung und saßen gerade da in der Falle. Das Feuer der leichten Waffen hielt sie in ihren Gräben, die dann von der Artillerie zusammengeschossen wurden, gelenkt von Beobachtern in neumodischen Flugapparaten, hoch über dem Schlachtfeld. Den Rest besorgten schließlich verheerende Giftgaswolken; eine neue Waffe, mit der perverse Geister den Krieg *modernisierten*.

Paradoxe Vorstellung: Inmitten dieses idiotischen Massenmordens, in den Kampfpausen, fanden sich gelegentlich Soldaten beider Seiten zu einem friedlichen Schnack zusammen, teilten brüderlich ihre letzten Rationen, zeigten Familienbilder, gingen schließlich zurück in ihre Gräben um nun wieder — weil das so befohlen war — aufeinander zu schießen.

Einmal in den Händen des Militärs, wußten diese auch bald mehr mit den Flugzeugen anzufangen. Aus der Luft ließen sie auf die angeblich *feindlichen Menschen* schießen, ließen Bomben in die Stellungen des Gegners und weit in dessen Hinterland werfen, auf Nachschubwege, auf Lazarette und — damals schon! — mitten in das zivile Verkehrsgetriebe friedlicher Städte. Der zuerst noch sportlich erscheinende Luftkrieg entwickelte sich nun zu einem Trauma.

Die Bedingungen des technisierten Krieges veränderten alle Dimensionen. Nicht wie früher ein paar Stunden oder Tage dauerte der Kampf, bis man sich vielleicht nach Wochen, Monaten oder Jahren zu neuem Gefecht an anderer Stelle wiedertraf. Jetzt zogen sich die Fronten quer über den Kontinent, und jahrelang ununterbrochen tobte der Stellungskampf. In Zahlen wie nie zuvor zogen die Männer in den Krieg, und in Zahlen wie nie zuvor starben sie hüben wie drüben oder wurden zu Krüppeln unter der sich perfektionierenden Vernichtungsmaschinerie des nun absoluten Krieges.

Ich hatt' einen Kameraden . . . . traaararaaa,
einige millionen Mal — trara!

Unruhe

Die russische März-Revolution von 1917 beendete quasi auch den Krieg an der Ostfront. Wir wissen aus den Geschichtsbüchern, daß der Aufstand in Rußland besonders durch die spätere Oktober-Revolution furchtbare Ausmaße annahm, daß er in der Weite des Landes viel länger dauerte und blutiger verlief als je eine andere Revolution vorher. Wir wissen aus eigener Anschauung, daß der skrupellose Machtkampf der Kommunisten dort und in aller Welt immer noch kein Ende gefunden hat.

Die Wellen schwabbten nach Westeuropa. Ihr bester Nährboden war der so lange andauernde Krieg. Aber erst einmal gärte es nur. Allein in der französischen Armee gab es eine große Meuterei, die jedoch schnell niedergeschlagen werden konnte. Die Franzosen hätten vorderhand Wichtigeres zu tun, darin war man sich in Paris einig. Anders dagegen in Berlin.

Hier konnten sich die Militärs über ihre Strategien nicht einigen. Die Marineführung hatte Streit mit der Heeresleitung, beide stritten mit der Regierung, die ihrerseits mit dem Reichstag nicht fertig wurde. Dort nutzten gerade die zerstrittenen Sozialdemokraten ausgerechnet die Stunde der Not, um ihr eigenes Süppchen zu kochen, Streit im Parlament. Es kam zu der bekannten Spaltung der Sozialdemokraten in gemäßigte Mehrheits-Sozialisten (SPD) und radikale Unabhängige (USPD); was früher oder später freilich ohnehin hätte kommen müssen. Und zu allem Überfluß gründete nun auch noch der inzwischen aus dem Generalstab entlassene Graf Tirpitz seine Vaterlandspartei, die — viel zu spät — soldatischen Schneid in den Reichstag bringen wollte.

Bei so viel Lärm konnten die radikalen Kräfte, unabhängige Sozialisten und Spartakisten (das waren die Kommunisten mit Karl Liebknecht und Rosa Luxemburg an der Spitze), ihre revolutionären Turnübungen anlaufen lassen. Die Rebellion begann schon im Sommer 1917 bei der Kriegsmarine in Wilhelmshaven. Dazu eine kleine Vorbemerkung:

Die unerhört aufgerüstete Kaiserliche Marine war lange Zeit weltweites Aushängeschild des in Stärke und Disziplin aufgeblähten deutschen Stolzes. Der praktische Wert der Seestreitkräfte wurde jedoch weit überschätzt — oder unterschätzt, wie man will. Ihre für den Kriegsfall gedachten Aufgaben in Angriff und Verteidigung stellten sich nicht. Der Seekrieg war ein wechselseitiger Blockadekrieg. Dafür eigneten sich besser neumodische Unterseeboote, kleinere Einheiten der herkömmlichen Kampfschiffe und Kaperschiffe in ziviler Aufmachung. Heldenmütige und manchmal tollkühne Aktionen einzelner Schiffsbesatzungen bestimmten deshalb überwiegend das Kriegsgeschehen zur See. Denken wir nur beispielsweise an das berühmte U 9 unter Kapitän Weddigen, an das

Kreuzergeschwader des Grafen Spee, oder an die so oft erzählten Kriegsabenteuer des Dreimasters SEEADLER unter Graf Luckner.

Das Geschwader der Großschiffe war in diesem Krieg nur einmal gefordert. Im Fühsommer 1916 begegneten sich die englischen und die deutschen Einheiten im Skagerrak; zu der wohl letzten Schlacht dieser Art des Seekrieges überhaupt. Bei unterschiedlich großen Verlusten endete das Gefecht unentschieden. Seither lag die deutsche Armada ungenutzt in der Ostseestation Kiel.

Ihrer Meinung nach hielten die Mannschaften das größte und stärkste existierende Kriegsgerät in der Hand — und sie waren dennoch zum Nichtstun verurteilt. Unzufriedenheit breitete sich aus. Dies und die überall drückenden Auswirkungen des Krieges machten die Matrosen nun trotz ihres Soldateneides empfänglich für klassenkämpferische Parolen. So kam es schon im Sommer 1917 zu der ersten Meuterei. Empört und entsetzt in eins berichteten die Zeitungen damals über das verbrecherische und schmachvolle Ereignis — wie sie es nannten. Wohl konnte der Aufstand schnell niedergeschlagen werden, es gab hohe Freiheitsstrafen und sogar zwei Todesurteile, aber dies sollte nur der Anfang der Tragödie sein. —

HEIMATFRONT

Bei uns prägte sich dieser Begriff erst Laufe der Kriegsjahre, als die nun ganz auf den Krieg ausgerichtete Wirtschaft in Schwierigkeiten geriet, zu einer Notwirtschaft wurde und denn folgerichtig in die Zwangswirtschaft führte. Wieviel dieses Abenteuer genau gekostet hat, das wird wohl niemand sagen können. Kein Land der Erde war auf einen in doppelter Hinsicht so teuren und anhaltenden Krieg vorbereitet. Auch Deutschland konnte die Verluste und den Verbrauch der Kriegsfronten im Osten, im Süden und Westen, nicht mehr aus den militärischen Reserven ausgleichen.

Neue Kräfte mußten mobilisiert werden:

Eine Reserve von rund zweihundertfünfzig Millionen Mark (250.000.000,—) hatte die Reichsregierung einmal „für den Kriegsfall" im Spandauer Julius-Turm zurückgelegt, gewiß genug für einen Krieg herkömmlicher Art. Die neue, unerwartete Art des Krieges aber ließ diese an sich schon hohe Summe einfach lächerlich erscheinen. Staatliche Anleihen sollten nun aus der Misere helfen.

Während der Dauer des Krieges wurden auf neun Anleihen fast einhundert milliarden Mark gezeichnet (100.000.000.000,—). Bei dem ursprünglichen Wert der damals kaiserdeutschen Mark ist diese Zahl ebenso unbegreiflich wie das, was die Menschen zu solcher Leistung bewogen haben mag. Ganze Vermögen, letzte Spargroschen und so manche Altersversorgung wanderten in die Fonds. Mit eindringlichen Werbesprüchen riefen Regierung und Militärs auf zur Abgabe von Gold, Silber und Edelsteinen. Beispielsweise erschien im Januar 1918 in nahezu allen Zeitungen des Reiches eine abgedruckte Handschrift:

Wer Gold behält
verkennt die Stunde.
Ludendorff

Noch am 5. November 1918, die Regierungen und Militärs mühten sich schon um den Waffenstillstand und in Kiel war die Revolution in Gang gesetzt, da erschien in den Tageszeitungen die fettgedruckte Anzeige

Der letzte Augenblick!
Mittwoch 1 Uhr ist Schluß der Zeichnungsfrist für die 9. Kriegsanleihe! Darum zeichne unverzüglich, wer noch nicht gezeichnet hat!

Und sogar diese letzte Kriegsanleihe brachte noch über zehn milliarden Mark (davon alleine in Rendsburg und Umgebung über zwölf Millionen; so jedenfalls berichteten die Zeitungen). Unendliche Summen und Werte, in vierzig Jahren kriegsfreier Kaiserzeit mit großem Fleiß erarbeitet und pedantisch angesammelt, verpulverte der kriegführende Staat in nur vier Jahren.

Mit Geld alleine war die Sache nicht getan. Der Kaiser brauchte Soldaten. Das Wehrdienstalter wurde herabgesetzt. Jugendliche waren plötzlich ebenso wehrdienstfähig wie solche Männer, die man vorher als nur bedingt tauglich oder als schon zu alt abgewiesen hatte. Der Landsturm wurde gegründet; eine Art Miliz älterer Jahrgänge für militärische Hilfs- und Wachdienste. Und neuerdings zogen auch junge Frauen als militärbegleitende Einheiten an die Front. Ihnen blieb es überlassen, der Tragödie wenigstens in den Lazaretten etwas von seiner Härte zu nehmen.

Unter der Anleitung weniger verbliebener Fachkräfte besorgten nun Frauen, Greise und Halbwüchsige die heimatliche Industrie. Den militärischen und den zivilen Bedarf konnten sie allerdings nur ungenügend decken; es wurde zu schnell verbraucht, und immer stärker werdend machte sich der Rohstoffmangel bemerkbar.

Frauen, Greise und Kinder besorgten auch die Land- und Viehwirtschaft. Sie schafften viel, sehr viel sogar und doch nicht genug, weil sie die fehlenden Kräfte nicht ersetzen und die durch die Blockade ausbleibenden Importe nicht ausgleichen konnten; auch nicht mit Hilfe von Kriegsgefangenen. Unmittelbare Folge dessen war die Rationierung der Lebensmittel.

Es gab Lebensmittelmarken. Das funktionierte ganz gut, aber die Rationen wurden immer kleiner. Magermilch statt Vollmilch, Magerkäse statt Vollfettkäse, Mischmehl statt Feinmehl standen im Angebot. Nur Personen mit besonderer Berechtigung bekamen höherwertige Lebensmittel; werdende Mütter z. B. und Schwerstarbeiter. An der Freibank einkaufen zu dürfen galt fast schon als Privileg. Wer mit etwas Glück beim Pferdeschlachter einmal *ohne* einkaufen konnte, dem blieben die Fleischmarken für ein zusätzliches Stück sehnenverstärkte Wurst vom Schlachter. Zusammen mit dem wässerig-pampigen Gerstenbrot war das sogar noch der reinste Luxus. Schließlich schmeckten die wöchentlich 250 g Einheitsmarmelade, angereichert mit bestem Süßstoff, ebenso abscheulich wie die auf täglich 18 g rationierte und nur scheinbar hochwertige Suppenmasse.

Es gab nur 50, 60 oder — welche Steigerung — sogar 70 g Butter pro Woche. Erst hausfrauliche Erfindungsgabe machte mehr daraus:

Verlängerte Butter

Man nehme 50 g Butter, je nach Bedarf ¼ Pfund Grieß oder etwas mehr, Wasser und eine Prise Salz.

Die Menge Grieß in das vorgewärmte Wasser einrühren und leicht salzen, dann die Butter zugeben und alles unter ständigem Umrühren kochen. Die Masse anschließend in einen Topf aus Steingut geben und kalt stellen.

Hilfsrezepte dieser Art gab es übergenug. Entstanden sind sie fast alle in dem berüchtigten Kohlrübenwinter von 1916/17. Ältere Leute werden sich gewiß noch daran erinnern. Der Hunger damals begleitete den Kriegsalltag der Heimatfront und der Kriegsfronten gleichermaßen und immer stärker werdend. Dazu kamen die äußeren Nöte.

Die gleichen Frauen, die über Tag harte Männerarbeit verrichteten oder sich für die in der Regel großen Familien mit den Nöten des Alltags abquälten (eben nicht nur ein paar gelangweilte Damen der sogenannt guten Gesellschaft, wie Romane und Filme uns das vorgaukeln), machten sich abends daran, nun auch noch für ihre Männer und Söhne im Felde zu nähen und zu stricken. Für den eigenen Bedarf dagegen fanden sie nur bezugsscheinpflichtige Ersatzlösungen: Knitterreiche Nesselstoffe zum Beispiel, die nach jedem Regen um einige Zentimeter schrumpften, Papierhüte und deftige Holzpantoffeln. Ersatzbereifungen für Fahrräder, wie es in einer Anzeige reichlich übertrieben hieß (Zitat) „vorzüglich federnd, leicht, geräuschlos und — beschlagnahmefrei". Die Himmelslaterne ersetzte in den Sperrstunden das elektrische oder das Gaslicht. Der Brennstoff für die Petroleumlampe gehörte zu den kriegswichtigen

Gütern und war deshalb auch nur gegen Bezugsschein zu haben. An Stelle von Koks wurde Holz und Torf in viel zu kleinen Mengen zugeteilt. Die Kumpel der Bergbaugebiete waren ja auch im Krieg, also wurden nur noch kleinere Mengen schwarzer Diamanten gefördert, und die gehörten natürlich zuerst der Kriegsindustrie.

REVOLUTION

Man muß sich schon fragen, ob es der *vaterländischen Ehre* oder der *politischen Jungfräulichkeit* der deutschen Frauen damals zuzurechnen ist, daß sie selbst nur wenig mit den revolutionären Umtrieben zu schaffen hatten; so ganz im Gegensatz zu den Frauen auf englischer und französischer Seite, die es — beispielsweise in Lyon — sogar auf blutige Zwischenfälle ankommen ließen.

Die Matrosenmeuterei vom Sommer 1917 war wohl niedergeschlagen und ihre Rädelsführer verurteilt worden, aber die Wühlarbeit der Spartakisten (Kommunisten) ging von da an erst richtig los. Unter dem Eindruck der allgemeinen Not und des zweifelhaften Krieges fanden sie gute Zuhörer bei den unterbeschäftigten Heimatsoldaten und bei den unzufriedenen Arbeitern besonders in den Großbetrieben. Wo die Regierung und der Generalstab mit den Schwierigkeiten nicht fertig wurden, war es da nicht für die „Arbeiterklasse" an der Zeit, sich der Sache anzunehmen? —

Am 27. Januar 1918, alo ausgerechnet zu Kaisers Geburtstag, der dazumal immer ein Feiertag war, riefen sie in Berlin zu dem großen Munitionsarbeiterstreik auf, der sich dann über das ganze Reichsgebiet in kriegswichtigen Betrieben fortsetzte. So streikten auch die Werftarbeiter in Kiel und Lübeck. In Hamburg konnten bestimmte Betriebe nur weitergeführt werden, weil sie einfach unter militärische Leitung und damit unter Militärrecht (= Kriegsrecht) gestellt wurden.

Dennoch war der Siedepunkt der Unzufriedenheit in Deutschland auch da noch nicht ereicht, als Ende Oktober aus Wilhelmshaven und am 3. November 1918 aus Kiel schon wieder Meutereien gemeldet wurden; wieder von den Großschiffen der deutschen Flotte, wieder angezettelt von extremen Kräften. In Kiel nahmen die Meutereien zu, sie fanden Zustimmung und Beteiligung bei Gleichgesinnten in der Kieler Garnison und schließlich auch bei den *Genossen* unter den Werftarbeitern. Spätestens am 5. November, das war der „blutige Dienstag" von Kiel, steigerte sich die Rebellion in eine Revolution. Bis dahin hatten noch nicht 'mal die Meuterer an diese Möglichkeit gedacht. Nun allerdings rollte die Welle. Ganz nach dem russischen Vorbild bildeten die *Genossen Revolutionäre* auch in Deutschland überall sogenannte Arbeiter- und Soldatenräte. Und während die Frontsoldaten — wie sie später sagten — für Heimat und Vaterland *mit der Nase im Dreck* lagen, während ihre Familien zu Hause immer noch auf den Kaiser und die staatliche Ordnung vertrauten, vollzog sich im Reich eine Köpenickiade ohnegleichen, diesmal als ein miserabel inszeniertes Drama.

Die ganz und gar nicht vorbereitete Revolution spielte sich an den Brennpunkten in haltloser Unordnung ab. Zuverlässige Dummköpfe, unzuverlässige Schlaumeier, hoffnungslos unfähige Idealisten und skrupellose Wirrköpfe gehörten überwiegend in den Ballungszentren zu den linksradikalen Arbeiter- und Soldatenräten. Durch Putsch und mit dem Druck des Aufstandes kamen sie in Einzelfällen innerhalb weniger Tage sogar bis in die Spitzen einzelner Provinzialregierungen. Sie wollten die Macht, sie wollten den Sozialismus, den aber jeder für sich anders verstand. Jeder Rat hatte seine eigenen Forderungen. Darin war denn mehr davon zu lesen was sie abschaffen, als davon — was sie überhaupt wollten und wie sie das wollten. Die Räte konnten sich nicht einigen. Da war keine Führung weil sie keine Führer hatten, zum Glück! —

So wenig wie die mit dem Krieg und seiner Beendigung beschäftigte Reichsregierung, so wenig dachten zu Anfang die Parteien, deutschnationale, liberale, fortschrittliche, an die Möglichkeit einer Revolution. Sie waren auch selber noch nicht so weit, daß sie einen linksradikalen Ruck hätten abwehren können. Auch die Mehrheitssozialisten (SPD) als damals stärkste Partei, dachten zuerst nicht an eine Revolution und noch weniger an die Abschaffung der Monarchie. Ihre Führer allerdings, besonders Noske an dem blutigen Dienstag in Kiel, erkannten sowohl das drohende Ausmaß als auch die Führungslosigkeit der Rebellion.

Als allein mögliche Kraft begannen die Mehrheitssozialisten von dem Augenblick an, den Schwung des Aufstandes für ihre eigenen, gemäßigteren Ziele zu nutzen. Dazu gehörte die Abdankung des Kaisers, die denn ja überraschenderweise zur Aufgabe der Monarchie überhaupt führte und gleichzeitig alle Kleinstaatdynastien in Deutschland abdanken ließ. Dazu gehörte die Beseitigung des Militarismus, was zuerst die Abschaffung der Junkernschaften und damit der Offiziere bedeuten sollte; aber welcher Staat mag schon auf sein Militär verzichten —. Dazu gehörte die ohnehin bereits in die Wege geleitete Beendigung des Krieges, die schließlich zu dem Schandvertrag von Versaille führte, mit all' seinen bedrückenden Folgen. Dazu gehörte die Verhinderung der kommunistischen Räterepublik und statt dessen die Einführung der parlamentarischen Demokratie; auf die das Volk aber noch gar nicht vorbereitet war und mit der es lange Zeit nichts anzufangen wußte. Später wußten denn ja die Parlamentarier nicht damit umzugehen. —

Den Unabhängigen und Spartakisten paßte die gemäßigte Haltung der SPD nicht. Sie wollten die Räterepublik. Ihre Krawallkade, allen voran die roten Marinebrigaden, versuchte schon Weihnachten 1918 einen (blutigen) Putsch gegen die provisorische Reichsregierung. Der Versuch ging daneben und die Linken verließen daraufhin den Rat der Volksbeauftragten. Von nun an führte die ganze linke Front einen hemmungslosen Krieg gegen die Demokratie.

Nur über die Menschenmassen konnten die Roten überhaupt 'was werden. So konzentrierten sie ihre Angriffe auf die Großstädte und andere Ballungsräume. Mit der ihnen eigenen Verlogenheit hetzten sie zum Bürgerkrieg, wie heute. Wo sie sich in den Ballungszentren mehr oder weniger gewaltsam die Macht angeeignet hatten, da terrorisierten sie die Menschen oder verluderten die Ordnung ganzer Landstriche und Großstädte in einer im einzelnen nicht zu beschreibenden Weise; das Ruhrgebiet, Bayern, Berlin, München, Bremen, Hamburg sind nur wenige aus der Reihe möglicher Beispiele. Und diese Zeitgenossen wollten Deutschland die *Freiheit* bringen.

Noske, der zu Anfang der Revolution knapp vier Wochen Gouverneur in Schleswig-Holstein war, übernahm in der ersten ordentlichen Regierung nach dem Krieg das Amt des Wehrministers. Daß Deutschland damals nicht doch noch unter die kommunistische Knute geriet, ist allein ihm zu danken, nicht seiner Partei. Er sah den Terror voraus und erkannte gleichzeitig, daß die *zuchtlosen Soldatenhaufen* in den Garnisonen für die Aufrechterhaltung der Ordnung nicht taugten, so wenig jedenfalls wie ihre neuen Führer, die Soldatenräte. Noch bevor die gesetzlichen Voraussetzungen dafür geschaffen waren, traf Noske Vorbereitungen zur Gründung der Freicorps; das waren Freiwilligenregimenter, bestehend aus zuverlässigen, altgedienten Soldaten unter Führung bewährter Frontoffiziere. In teilweise sehr blutigen Auseinandersetzungen mit der revolutionären Krawallkade und ihren Genossen, die überdies aus dem Osten nach

Deutschland hereindrängelten, haben diese Einheiten die Ordnung und die Demokratisierung im Lande gesichert. —

In den Zeitungen konnte man damals übrigens einen Spottvers lesen, der unter den Initialen M. J. erschien und wohl sinngemäß für alle Räte gelten haben mag:

Schülerrat

Ratlos steht der Zeitgenosse
heut' den Dingen vis-a-vis.
Sieht er die polit'sche Lage,
wird ihm oft — er weiß nicht, wie.
Doch an Räten ist kein Mangel
heutzutag' im deutschen Land.
Millionär und Straßenfeger
reicht zum Bunde sich die Hand.
Soll die Jugend da wohl fehlen?
Soll sie müssig abseits steh'n?
Das vermag der Sekundaner
absolut nicht einzuseh'n!
Karlchen Mießnick nimmt die Führung,
stolz für Quarta, Coetus B.,
und es folget seiner Fahne
die jeuness, genannt doree.*)
Seht, die Kette schließt sich dichter,
stolz steht bald der Zukunftsstaat.
Und zum würdigen Vollenden
fehlt bloß noch der Säuglingsstaat!

MARINE

Abweichend vom Thema muß fairerweise noch 'was mehr über die Marine gesagt werden:

Auch viele Rendsburger standen als Berufs- oder kriegsdienstverpflichtete Soldaten bei der kaiserlichen Marine. Ihre Aussagen gingen durchweg dahin, daß nur auf den kleinen und mittleren Fahrzeugen das Verhältnis zwischen Offizieren und Mannschaften stimmte. Diese Einheiten erwiesen sich denn ja auch überwiegend als fahnentreu, bis zum letzten Augenblick des Kaiserreiches sozusagen. Dagegen herrschte auf den Großschiffen das militärische Dreiklassenbewußtsein zwischen den

---

*) französisch: jeuness = Jugend
doree = goldige

Offizieren, den Unteroffizieren und den Mannschaften. In den vollbesetzten, engen Mannschaftsquartieren konnten Unzufriedenheit und rebellische Meinung ungehindert geschürt und verbreitet werden. Das führte bekanntlich zum Aufstand.

Sieht man einmal ab von dem Durcheinander, das in der Natur dieser Revolution lag und an dem auch unbeteiligte Marinesoldaten nicht einfach vorbeigehen konnten, und sehen wir auch ab von den Umtrieben der roten Marinebrigaden, die sich ja nicht nur in Berlin wie die Berserker aufführten, dann bleibt zum Schluß immer noch die Frage nach der soldatischen Haltung:

Es müßte die Revolutionäre ja eigentlich schon berührt haben, daß sie von den Besatzungen der kleinen Schiffseinheiten überwiegend abgelehnt wurden. Die hielten „alle Schotten dicht", fuhren nach Hause oder ließen nur so weit mit sich reden, als ihre eigene Sicherheit das nötig machte.

Nachdenklich hätten die Rebellen doch werden müssen, als die Engländer kamen und ihnen die kalte Schulter zeigten. Mit ihrem Linienschiff HERCULES, begleitet von zwei Torpedobootzerstörern, fuhren die Tomys mit geschlossenen Luken durch den Kanal nach Kiel. Da durfte keiner an Land gehen. Soldatenräte biederten sich an, wurden aber von den Engländern schlicht übersehen. Die wollten nur mit den Offizieren reden, obwohl diese doch eigentlich von der Revolution abgesetzt waren. Gouverneur Noske ergänzte das Bild nachher in seinen Erinnerungen:

> *Daß englische Schiffe in der Nordsee unter roter Flagge gesehen worden seien, wurde wiederholt erzählt.*
> *Es kam umgekehrt!*
> *Als später englische Schiffe im Kieler Hafen erschienen, mußten die roten Fahnen auf allen deutschen Schiffen wieder eingezogen werden.*

England forderte die Auslieferung der deutschen Flotte.

Die *Genossen Blaujacken* hatten anscheinend schon alle Selbstachtung verloren als sie ihre Schiffe in die Internierung bringen sollten. Skrupellos erpreßten sie den Staat um hohe Überführungsprämien. Man stelle sich nun vor, was da noch alles hätte passieren können, wenn das Marineamt die völlig unbegründeten Forderungen nicht hätte erfüllen können, wenn die Flotte nicht ausgeliefert worden wäre; es war ja immer noch Krieg.

Bei der Abfahrt der Schiffe war Noske als Augenzeuge dabei:

> *Es war ein übler, düsterer Tag, als ich am 17. November 1918 gegen Mittag auf der Kanalschleuse stand, um der Abfahrt der Schlachtschiffe zuzusehen. Riesigen, eisernen Festungen gleich schoben sich die modernsten Ungetüme in die Kammern. Ein beträchtlicher Teil deutschen Nationalvermögens schwamm auf Nimmerwiedersehen der englischen Küste zu. Von der Mannschaft waren sich viele der tiefen nationalen Schmach nicht bewußt, die mit der Fahrt verbunden war. Es wurde gejohlt und geulkt. Als aber von einem der Schiffe — den Namen habe ich vergessen — eine lustige Weise von der Kapelle ertönte, da spuckte ich voller Ekel aus ...*

Die deutsche Kriegsflotte wurde in der Bucht Scapa Flow der schottischen Insel Mainland (Orkney-Inseln) interniert. Nur Teile der Stammbesatzungen blieben an Bord. Die Offiziere suchten sich zuverlässige Leute aus, übrige Besatzungsteile fuhren wieder nach Kiel und Wilhelmshaven zurück.

Ein halbes Jahr danach, kuz vor dem Abschluß des Vertrages von Versaille, kam der Donnerschlag:

Die verbliebenen Besatzungen versenkten alle im Scapa Flow internierten deutschen Kriegsschiffe. Vor den Augen ihrer Bewacher ging die ganze Flotte unter, versanken gleichzeitig (!) über siebzig deutsche Kriegsschiffe, darunter die Armada der Großschiffe. Darauf wußten die Engländer im Augenblick des Geschehens nur mit billiger Rache an den wehrlos im Wasser schwimmenden Marinesoldaten zu antworten. Im Viererrat der Alliierten forderten sie später Entschädigung in Geld.

In Deutschland allerdings brach über diese Heldentat der Seeleute ein unglaublicher Jubel aus. Schlagartig war das verlorene Ansehen der deutschen Kriegsmarine wiederhergestellt — nicht nur im eigenen Lande. —

Auch zwischen Obereider und Untereider wurde damals gejubelt, mit Recht. Hier hat man von je her eine natürliche Beziehung zur Schiffahrt, zur Seefahrt, und damit auch zur Kriegsmarine. Viele spätere Marinesoldaten haben als Kinder in der Eider das Schwimmen gelernt.

Aber nun zum eigentlichen Thema:

Könnten wir heute durch den mehr phantastischen als utopischen Zeittunnel in das Rendsburg von 1918 zurückgehen, wir würden im ersten Hinsehen eine durch und durch friedliche, eine gemütliche Kleinstadt vorfinden, fast wie in schönsten Friedenszeiten. Kinder strömten mit dem üblichen Lärm in die Schulen — Erwachsene gingen an ihre Arbeitsplätze — Fuhrwerke bewegten sich polternd über das holperige Pflaster der Straßen — Kleingärtner kehrten den Pferdemist auf, mit dem sie nachher ihre Erdbeeren düngen würden — Geschäftsleute stünden vor den Ladentüren, hielten ab und zu einen Schnack oder warteten auf Kundschaft — Hausfrauen machten bei offenen Fenstern ihren Hausputz, schluderten miteinander oder besorgten ihre Einkäufe — mittags hingen Essensdüfte in den Häusern und Gassen — und schon nachmittags wäre Betrieb in den Gaststätten und Cafés — Spaziergänger guckten hier und da in die Schaufenster — säbelschleppende Polizisten machten ihre Runden, selbstverständlich zu Fuß — und wie es einer Garnisonsstadt ansteht, so wäre viel Militär zu sehen, Soldaten in Marschkolonnen, Soldaten in Gruppen, Soldaten einzeln mit ihren Mädchen — und abends schließlich ginge man in ein Konzert oder suchte sich ein anderes Vergnügen. —

Nach der vorausgegangenen Schilderung des Krieges wird man sich denken können, daß diese friedlich-geschäftige Kleinstadtidylle nur scheinbar existierte. An ihr stimmte allenfalls der Rahmen, das Stadtbild, wie seit Jahrhunderten. Die Menschen darin litten unter der vielfältigen Not des Krieges, und auch Revolution und Inflation standen schon vor der Tür.

Wie nun die Rendsburger Bürger diese Zeit überstanden, in ihrer ruhigen Art, manchmal unter Tränen, gelegentlich mit einem Augenzwinkern, häufig aber mit ihrem etwas schwerfällig-trockenen Humor, das soll dieses Buch deutlich machen. —

I. TEIL
KRIEGSZEITEN

NACHBARSCHAFT

Ausgangspunkt ist eine der auch heute noch ruhigsten Ecken der Altstadt.

Sie kennen die Mühlenstraße und gewiß auch die kleine Gasse, die gegenüber von Dittmer einmündet. Das ist der untere Ausgang der alten Häuserzeile, die sich um die nun bald siebenhundertjährige St.-Marienkirche herum gruppiert. Sie erweckt fast den Eindruck, als habe sich eine Kinderschar um seine stolz aufgerichtete Mutter versammelt. „Am Kirchhof" hieß die Gasse früher, nach dem alten, engen Friedhof neben der Kirche, von dem man gar nicht glauben möchte, daß er einmal für alle Toten dieser Stadt ausreichte. Noch heute findet man da ein paar längst verwitterte Grabsteine, fast so alt und unberührt wie die Anlage selbst.

Wer die beschauliche Idylle dieses Altstadtviertels nicht kennt, der sollte sie bald erleben. Das Abendrot einer nahezu ungestörten Vergangenheit verleiht ihr gerade in diesen Tagen den letzten, heimeligen Glanz.

Die kleine Gasse, heute heißt sie „An der Marienkirche", ist ohne die Mühlenstraße nicht denkbar. Das ist die erste und älteste Straße der Stadt. Zusammen mit der erst später so genannten Schleifmühlenstraße reichte sie einmal vom Mühlentor, etwa an der Stelle des heutigen Parkdecks am Schloßplatz, bis hin zum Holstentor. Sie durchquerte die ganze Inselfestung. Die Straße war Teil einer schon früh-mittelalterlichen Handelsstraße. Doch davon sah man zu Anfang unseres Jahrhunderts natürlich nichts mehr. Bei Ausbau der Festung wurden die Straßen grob gepflastert und das Pflaster später wahrscheinlich wiederholt erneuert. Sogar die beiden inzwischen ältesten Gebäude der Stadt, das Rathaus und der Landsknecht, haben die frühen Tage dieser ehemaligen *Hauptverkehrsstraße* nicht erlebt. Umso mehr Bestandteile sind von dem Bild vorhanden, oder lassen sich wenigstens nachlesen, wie sich dieser Teil der Altstadt und schließlich die ganze Stadt um die Zeit des ersten Weltkrieges zeigte.

Am Kirchhof war schon immer ein reines Wohnviertel. In seinen nachbarlichen Verhältnissen teilte sich die Straße etwa bei dem Pastorat, also an der Biegung parallel zur Eisenbahnstraße. Eine Hälfte ging mehr nach dem Altstädter Markt, wo es städtischer zuging, die andere Hälfte mehr zur Mühlenstraße. Da zeigte man sich wohl auch (klein-)städtisch, gab sich aber mehr nachbarlich-solidarisch.

Anna Mumm und ihr Sohn Willi wohnten damals in einem der Häuser links neben dem Pastorat, wo man sich zur Mühlenstraße hin orientierte. Ihr Zwei-Personen-Haushalt war ganz bestimmt nicht typisch für den Durchschnitt der Haushalte damals, wohl aber für die Umstände, die der Krieg ihnen aufzwang und über die sie selber zu Opfern des Krieges wurden. Solche Opfer, die in ihrem Wesen gezeichnet sind. Man findet sie nach jedem Krieg haufenweise, wie der Volksmund so sagt; sie werden bloß nicht zur Kenntnis genommen, weil keiner darüber nachdenken mag.

Mit seinen knapp vierzehn Jahren stand Willi Mumm gerade im Flegelalter. Man kennt die Jahre, in denen der junge Mensch sich selbst entdeckt und denn auch gleich seinen Freiraum in dieser Welt auszuloten sucht. Das ist die Zeit, in der die Erwachsenen mehr als sonst Ärger zeigen, wenn

„*de Flötz oder de Lümmel,
de Sleef oder de Slüngel*"

irgend 'was getan oder gesagt hat, was nicht gehörig ist. Da werden sie manchmal sogar richtig fünsch, und denn kann das schnell 'mal *'n paar achter de Lepel* oder *'n anständigen Aarsvull* geben.

Anders reagieren ältere Leute. Sie unterscheiden sich von den Erwachsenen dadurch, daß sie keine Herrschaftskämpfe mehr führen. Sie haben ihren Platz in dieser Welt gefunden und sehen nun mit Stolz auf ihre heranwachsenden Enkel und Urenkel. In ihren Augen ist der Unband 'n ganz *plietschen Jung*, einer den man mit blanken Augen bei Nachbarn und Freunden vorführt, den man gerne 'n bißchen verwöhnt und dem das gar nicht schaden kann, wenn ihm ab und zu einer den Rücken stärkt. Quarkige Eltern können ja manchmal ganz schön ungerecht sein.

Dies alles traf auf Willi nicht zu, er war Halbwaise. Sein Vater fiel 1914 gleich in den ersten Kriegstagen irgendwo in Belgien. Danach zog Mutter Anna Mumm mit dem Jungen in die Altstadt, zu ihren Eltern. Er sollte versorgt und nicht ganz ohne Aufsicht sein, während sie selbst arbeiten wollte; irgendwie mußten sie ja die Not der Kriegszeiten bewältigen. Aber wie das denn so kommt, inzwischen lebten die Alten auch nicht mehr und mit Versorgung und Aufsicht war das nun man so 'was —. Nochmal umziehen wollte Anna nicht, hier hatte sie einen kompletten Haushalt geerbt. Den Jungen weggeben, vielleicht zu irgendwelchen Verwandten, das kam auch nicht in die Tüte. Der Junge gehörte zu ihr. Damit waren alle Fragen, Angebote und Wünsche der Verwandtschaft beantwortet.

„Was wir brauchen, können wir uns selber verdienen. Wir lassen uns nichts schenken — von keinem; müssen wir nachher doch bloß alles doppelt zurückbezahlen."

Das gab böses Blut in der Verwandtschaft und die beiden lebten von da an ziemlich alleine, aber auf ihre Art waren sie dabei auch ganz zufrieden.

Willi war ein großer, kräftiger Junge, der wohl ganz auf seinen Vater 'rauskommen würde — in jeder Beziehung. Das konnte Anna gar nicht recht sein. Natürlich war die Zeit mit ihrem Mann eine schöne Zeit gewesen, hektisch und voll Leben, so wie man das als junger Mensch gerne hat. Aber das war auch die schwerste Zeit, weil ihre Sorgen damals immer größer waren als der nächste Tag. Hannes Mumm war ein komischer Luftikus gewesen. In seiner lauten, lustigen Art und mit seinen großartigen Gesten hatten sie ihn wohl überall gerne gemocht, aber anpassen konnte er sich nicht. Sein Sohn entwickelte sich anscheinend in die gleiche Richtung.

Schularbeiten machte der Junge nur, wenn er gerade 'mal Lust dazu hatte oder wenn seine Mutter ihm keine Ruhe damit ließ. Beides kam selten genug vor; Willi selbst war viel zu sprunghaft und seine Mutter nahm sich zu wenig Zeit für ihn. In der Schule, das war die Altstädter Mädchen- und Knabenschule am Schiffbrückenplatz, da konnte er sich auch nicht fügen. Immer gab das irgendwelchen Ärger, weil der Junge man bloß Blödsinn im Kopf hatte. Er war der Starke in seiner Klasse, der Große. Er kriegte Prügel und schlechte Betragensnoten, aber er selber lachte nachher auch am lautesten darüber — was für ein Spaß. Seine Lehrer hatten allerdings keinen Verstand dafür. Er machte Ärger und galt deshalb als ein aufsässiger, ein schlechter Schüler; kein Unband — den man landläufig versteht — sondern ein Ausbund, den die Ordnung verdammt.

Nun wäre das auch ohne Vater noch keine allzu große Schwierigkeit gewesen. Seine Mutter hätte nur das bißchen Zeit, das ihr der Alltag ließ, für Willis Erziehung brauchen sollen. Doch davon konnte die Rede nicht sein. So wie früher Hannes Mumm ihr Leben beherrschte, ohne daß sie sich hätte durchsetzen können, so tat das nun sein Ableger. Je mehr ihr der Mann fehlte, umso stärker band sie sich gefühlsmäßig an den Jungen. Sie war nachsichtig und Willi verlor den Respekt. Er konnte sie im Handumdrehen einwickeln. Wenn sie aber tatsächlich 'mal hart bleiben und eine seiner Dummheiten nicht mehr durchgehen lassen wollte weil das nun wirklich nicht mehr anders ging, denn nahm der große Bengel sie einfach in die Arme und tanzte mit ihr so lange durch die Wohnung, bis sie selber lachen mußte und alle guten Vorsätze verflogen waren. Einmal aber funktionierte das Rezept nicht. Willi kriegte seinen ersten Ärger mit der Polizei. Das kam so:

Mit seinen Freunden war der Junge zum Liebesberg gelaufen, am Eiland; den „Berg" kennt man heute nicht mehr, wir kommen später noch 'mal darauf zurück. Das kam öfter vor, daß sie dahin liefen, aber heute hatten sie einen besonderen Grund. *Bohnenstange,* so nannten sie Hein Tingsfeld, den Sohn von Kaufmann Tingsfeld an der Ecke Schleifmühlenstraße/Neue Straße, Bohnenstange also hatte plötzlich ein Luftgewehr. War aber nicht ganz klar woher das Ding stammte.

Ein Luftgewehr ist ein besonderes Spielzeug; das macht große Jungs zu Männern, zu Soldaten, zu Frontkämpfern — besonders in Kriegszeiten. Hier sollte nun jeder erst 'mal einen Schuß frei haben. Das Faustrecht bestimmte die Reihenfolge. Außer dem kleinen Walter Schröder hatte denn auch keiner 'was zu meckern. Ihm paßte nicht, daß Arthur Mahrt gleich zwei Schuß für sich haben wollte. Aber die einfache Frage des großen Jungen:

„Wi's een vör de Schnut?"

die führte den Kleinen schnell wieder in die gewohnte Ordnung zurück. Und daß schließlich Bohnenstange so dusselig maulte, weil das doch sein Gewehr sei und ihm vor allen anderen erst 'mal ein Schuß zustünde, das nahm sowieso keiner ernst. Er könne ja hinterher noch lange genug damit schießen. Damit war alles geregelt.

Sie standen hinter einem Busch, ein Baum war das Ziel. Dazwischen lagen an die zwanzig Meter Abstand. Das Gewehr war gut, die Zielvorrichtung noch besser, daß trotzdem keiner traf, muß an dem Baum gelegen haben. Aber nun war Bohnenstange an der Reihe.

„Denn wies man mal, wi dat oole Ding liekut scheeten deit."

Hein verstand 'was davon, er zielte lange — zu lange, sie wurden gestört. Da kam ein Mann den Weg längs. Die Jungs sahen wohl, daß der einen Karton unter dem Arm hatte, aber das begriffen sie erst noch gar nicht. Hein setzte das Gewehr ab und wartete. Der Mann blieb 'n bißchen seitlich vom Baum stehen, guckte von da begeistert zu — warum auch nicht. Hein zielte wieder lange, sehr lange, endlich ein Schuß. Da klirrte irgendwas. Wohl vor Schreck ließ der Zuschauer seinen Karton fallen, und nun klirrte das gleich nochmal.

„Ja — Du Dämlack, Du, töf bloß, Di war ick hölpen!"

Fluchend lief der Mensch auf Bohnenstange zu. Die anderen begriffen sofort, sie rannten nach allen Seiten weg. Der Lange aber kapierte erst, als der Mann ihn am Schlafittchen hatte und windelweich prügelte, so lange — bis Hein die Namen seiner Kumpane wie gelernt aufsagte. Danach durfte er sich 'was aussuchen, nach Hause gehen oder gleich mitkommen zur Polizei,

„...denn da, mein Freund, werde ich Dein Gewehr erst 'mal abliefern."

Bohnenstange suchte sich den bequemeren Weg aus. Die eigene Sicherheit war ihm vor der Hand wichtiger als das Gewehr.

Soweit die Vorgeschichte.

Anna Mumm hatte den nächsten Tag frei. Neue Lebensmittelzuteilungen waren einzuholen und Besorgungen zu machen, die sie dem Jungen vorsichtigerweise nicht überlassen mochte. Sie wollte gerade aus der Wohnung gehen, als das an der Tür klopfte:

„Guten Morgen, Kant, Kriminalpolizei. Sie sind Frau Mumm? — Ich suche Ihren Sohn Wilhelm Mumm, ist der zu Hause?"

Nein, natürlich nicht. Willi saß in der Schule und ahnte so wenig wie seine Freunde, was sich da über sie alle zusammenbraute. Über das schnelle Ende ihrer Schießübungen wußten sie ja Bescheid, und was sie nicht wußten, das schnackte Hein Tingsfeld einfach so hin, daß er selber dabei als das bedauernswerte Opfer einer großen Ungerechtigkeit erschien. Daß er Namen gesagt hatte und der Mann damit zur Polizei gegangen war, davon sagte er schlauerweise nichts; schlafende Hunde muß man ja nicht unbedingt wecken.

Kriminalist Kant beehrte an diesem Vormittag die *Erziehungsberechtigten* aller beteiligten Übeltäter: Richard Ferbers Vater, der damals Hausmeister im Gymnasium war; Luden Kühls Vater, später Mitglied des Arbeiter und Soldatenrates; die Großeltern von Arthur Mahrt; Schneidermeister Quedenbaum, der gleich die Meterleiste für seinen Sohn Max polierte; Frau Schröder, die immer so doll um die Sauberkeit ihres kleinen Walter besorgt war; Kaufmann Soll, an der Ecke Nienstadtstraße, der schon immer wußte, daß sein Sohn Paul noch mehr Arbeit nötig habe um ein anständiger Mensch zu werden; die Eltern von Otto Thomas, die damals an der Ecke Altstädter Markt/Schleifmühlenstraße eine Blaufärberei betrieben und deren sechs Kinder deshalb immer mit blauen Händen herumliefen; Frau Tingsfeld, die erst jetzt das Gewehr ihres Mannes vermißte und gleich in Tränen ausbrach; Frau Verdick im

„Landsknecht", deren Sohn Jürgen die reine Last war für ihre hochfliegenden Pläne; und schließlich ging er denn auch noch zu Frau Vollstedt, die neben der Schauburg eine kleine Bäckereifiliale besaß und gleich drei solcher Bengels, Max, Hannes und Walter, regieren mußte (Max Vollstedt war später Standesbeamter in Rendsburg und ist von daher gewiß noch vielen Leuten bekannt). Überall erzählte Kant die Geschichte wie er sie aus der Anzeige kannte, und überall meinte er mit hocherhobenem Zeigefinger:

„Schußwaffengebrauch in öffentlichen Anlagen, das ist kein Unfug mehr, das ist fast schon kriminelle Handlung. Der Junge soll sich heute Nachmittag um zwei bei mir zur Vernehmung melden. Kriminalrevier, Eingang Mühlenstraße."

An diesem Tag' gab das in einigen Rendsburger Familien ziemliche Unruhe, bei den Mumms aber war das anders. Anna wollte nicht riskieren, das der Junge sie wieder 'mal einwickelte. Nach der Schule sagte sie ihm bloß den Termin und ließ ihn denn mit seinen Sorgen alleine.

Abends mußte Willi beichten, wohl oder übel. Nicht weil seine Mutter gefragt hätte, der Polizeibeamte verhängte vielmehr über jeden der Übeltäter eine Ordnungsstrafe, ein Bußgeld von zwei-Mark-fünfzig. Das ging weit über Willis Pfennigsvorrat hinaus. Nun mußte er 'raus mit der Sprache, denn das Geld sollte — „bei Vermeidung eines gerichtlichen Nachspiels" — schon bis morgen um zwölf bei Wachtmeister Puesdorf abgeliefert werden, in der Polizeiwache unter dem Schwibbogen.

„Duuu, Mamaaa... kanns' Du mir zwei-Mark-fünfzig geben?"

„Zwei-Mark-fünfzig? Junge, woher soll ich die wohl nehmen?"

„Ich — ich brauch' das Geld."

Nee — nee, so ging das ja nun nicht, da solle er man erst 'mal mit der Sache 'rauskommen.

Nun — für Willi war das ein hartes Stück Arbeit und das wurde noch härter, weil seine Mutter am Ende der Geschichte kein Wort dazu sagte, weil sie man bloß das dünne *Portmonnee* auf den Tisch legte — und weinte. Wieder gut war seine Mutter danach noch lange nicht, aber Willi war in den nächsten Tagen ein sehr ordentlicher Junge. Nicht 'mal in der Schule gab das Ärger.

Die Mumm's waren „Am Kirchhof" als angenehme Nachbarn angesehen. Anna schluderte nicht und gab selbst nicht mehr Grund dafür als ihr Ruf vertragen konnte. Sie war freundlich und hilfsbereit, erwartete aber selber keine Hilfe. Dabei fiel ihr das gar nicht leicht, sich und den Jungen durchzubringen. Sie hatte keine feste Arbeitsstelle. Andererseits aber war

sie eine zuverlässige und fleißige Arbeitskraft, für Küchen- und Reinmachearbeiten, als Hilfe bei der großen Wäsche und bei Familienfeierlichkeiten. So kam es denn, daß ihr immer wieder Arbeit angeboten wurde. Bei Kapitän Arriens beispielsweise, der in der Schleuskuhle/Ecke westliche Schleuskuhle (Holsteiner Straße) eine Wirtschaft besaß. Später unterhielt er auf der Untereider auch noch ein Boot für Ausflugsfahrten, das bis Nübbel oder manchmal sogar bis Friedrichstadt fuhr. Anna kam zu den Leuten, als diese im Januar 1918 ihre silberne Hochzeit feierten. Sie machte ihre Arbeit so gut, daß sie danach immer wiederkommen mußte.

Ähnlich war das auch bei Christian Müller gegangen, dessen Posthof zuerst am Schloßplatz zu finden war, rechts neben dem HOSPITAL ZUM HEILIGEN GEIST, und später in der Schleswiger Straße (heute Hollesenstraße), in einem der Häuser von Zerssen und Co. Müller feierte übrigens im Januar 1919 sein 25-jähriges Dienstjubiläum als — allen Umständen zum Trotz — immer noch „kaiserlicher Posthalter". Aber wie gesagt, das sollten nur ein paar Beispiele für Annas Arbeitsplätze sein.

Sie brachte es im Durchschnitt auf fünf lange Arbeitstage die Woche, und die andere Zeit brauchte sie denn ja auch für ihre eigenen Besorgun-

gen und den Haushalt. Den Lohn für ihre Arbeit kriegte sie je nach
Arbeitgeber in Geld oder Naturalien; was natürlich nicht heißen kann,
daß sie die Speisekammer immer voll gehabt hätte — ganz im Gegenteil.
Manchmal verdiente sie wochenlang nur Bargeld, das sie zur Aufbesserung der Rente dringend nötig hatte. Aber für den Schwarzen Markt war
das trotzdem nicht genug. In solchen Fällen fehlten ihr denn die zusätzlichen Lebensmittel, die sie und Willi nötig brauchten; sie — eine schwer
arbeitende Mitdreißigerin, er — ein großer Junge, der man gerade jetzt
den besten Appetit entwickelte. Nun ja, da gab das wohl noch die
Kriegsküche in der Wallstraße, eine städtische Einrichtung zur Linderung der Hungersnot. Die war in einem alten Fabrikkomplex gegenüber
dem Gerbergang untergebracht, zwischen ELEKTRA und der Altstädter
Schule. Für 'n bißchen Geld, für einen oder zwei Groschen, konnte sich
da jeder eine Portion Mittagessen geben lassen (manche Familien sollen
da gleich eimerweise eingekauft haben), aber auch dafür hatte Anna nicht
immer das nötige Kleingeld über.

Die ordentlichen Lebensmittelzuteilungen jedenfalls langten nicht hin
und nicht her. Wer den Krieg damals oder den zweiten Weltkrieg miterlebt hat, der kann sich das denken. Andere sollten hier ruhig 'mal
nachlesen, welche *Mengen* beispielsweise für die (willkürlich herausgegriffene) Woche vom 8. bis 14. Juli 1918 verteilt wurden:

Brot	*1800 g auf dem Abschnitt 1 der laufenden Brotkarte, anstelle von 450 g Brot können 337,5 g Mischmehl unter Mitverwendung der weißen Mehlbezugsscheine bezogen werden;*
Kartoffeln	*7 Pfund Kartoffeln auf dem Wochenabschnitt der Kartoffelkarte;*
Fleisch	*20 g auf dem $^1/_{10}$-Anteil des Wochenabschnitts der Reichsfleischkarte. Am Mittwoch Ausgabe von Wurst an sämtliche Fleischversorgungsberechtigte (Erwachsene 50 g, Kinder unter 6 Jahre 25 g);*
Wurst	*100 g auf die Person für die aufgerufenen Brotbuchnummern in der städt. Verkaufsstelle. Die Wurst wird mit 50 g auf den $^1/_{10}$-Anteil des Wochenabschnitts auf die Reichsfleischkarte in Anrechnung gebracht;*
Butter	*70 g auf den Wochenabschnitt;*

Milch	Vollmilch und Magermilch in den auf Karten zuständigen Mengen; (Anmerkung: Für den „Normalfall" gab das einen halben Liter Magermilch pro Tag. Schwerstarbeiter, Wöchnerinnen und Kleinkinder bekamen auch Vollmilch)
Nährmittel	Auf Abschnitt 1 der Wochenbezugskarte 125 g Suppenmasse. Die Ausgabe von Weizengrieß für Säuglinge und werdende Mütter erfolgt in der bekanntgegebenen Weise nur montags von 9 bis 12 Uhr vormittags durch die Damen des vaterländischen Frauenvereins;
Käse	125 g auf die Person für die aufgerufenen Brotbuchnummern durch die Fettwarenhandlung Wulff, Mühlenstraße;
Brotaufstrich	250 g Marmelade auf den Abschnitt 2 der Warenbezugskarte;
Kaffeeersatz	250 g für die Person auf Brotbuch;
Eier	2 Eier auf den Abschnitt der Eierkarte für die Zeit vom 8. bis 14. Juli 1918.

Dazu gab das in der gleichen Woche die für den ganzen Monat gedachte Ration von anderthalb Pfund Zucker, also runde 175 g pro Woche. Schließlich ist noch zu bedenken, daß auf je drei Monate vier fleischlose Wochen kamen, daß sich die Zuteilungsmengen von Woche zu Woche 'mal nach oben und 'mal nach unten veränderten, daß alles in allem aber die Rationen immer kleiner wurden, je länger der Krieg dauerte — und daß sich genauso auch noch die Qualität der Lebensmittel verschlechterte.

Den Ärger darüber kriegte der Kaufmann an der Ecke zu spüren, aber der konnte natürlich am wenigsten dafür. Das sollte man sich 'n bißchen was näher ansehen, auf die Mumms kommen wir denn später wieder zurück.

Der Kleinhandel, oder Einzelhandel — wie wir heute sagen, das war damals eine andere Sache als heute. Dazu muß man aber erst 'mal bedenken, daß die Mobilität der Menschen noch nicht so ausgeprägt war wie jetzt. Viele Leute kamen in ihrem ganzen Leben nicht 'mal über die Grenzen der Stadt hinaus. Man ging zu Fuß, fuhr vielleicht 'n Ende mit dem Rad oder — als es den später in Rendsburg gab — höchstens ein paar Stationen mit dem „Stadtverkehr" von Timm Heinrich Sievers. Für gewöhnlich beschränkte man sich auf seinen Wohnbereich, auf seine Ecke sozusagen. Die war man gerade immer so groß wie die eigene, für gewöhnlich von Schusters Rappen bestimmte Beweglichkeit. Auf dieses nachbarliche Maß waren denn auch alle Einrichtungen zugeschnitten, die man darin nötig hatte: Milchmann, Schlachter, Bäcker, Kaufmann, Frisör, Schneider, Schuster, eine Wirtschaft und andere Handels- und Handwerksbetriebe mehr, deren Bedeutung vielleicht schon eine oder auch zwei Ecken weiter reichen mochte.

Wer sich das vorstellen will, der muß für einen Augenblick 'mal die Errungenschaften unserer tüchtigen Konsum- und Wegwerfgesellschaft vergessen, ihre Großraumläden und andere moderne Einrichtungen, aber auch die Klischeevorstellung von dem heute so viel gelobten Tante-Emma-Laden. Der Kaufmann nebenan, egal was er verkaufte, war nämlich alles andere als eine gemütvolle Tante Emma. Hinter dem Ladentisch standen gewissermaßen ganze Familien, Großfamilien, die ebenso um ihre kleine Existenz kämpfen mußten wie die Kundschaft. Das Aufschreiben war nicht Tante Emmas gutherzige Nachsicht oder Sozialeinrichtung, sondern Notlösung gegenüber allgemein knappen Einkommensverhältnissen; und aufgeschrieben wurde in der Regel ohnehin bloß bis zum nächsten Lohntag, danach war der Ofen aus. Ein Werbegag in dem kleinen Laden von Kaufmann Soll verdeutlicht den eher nüchternen Hintergrund dieser Nachbarschaftsläden.

Soll hielt sich einen sprechenden Papagei. Kam nun ein Kunde 'rein in den Laden, denn schrie der Vogel

„nehm man nix weg — nehm man nix weg ".

Ging der Kunde wieder 'raus, denn schrie das Tier

„hes ook betaalt — hes ook betaalt".

Eine Kindheitserinnerung meiner Mutter kann — als ein Beispiel von vielen — eine andere Seite des früheren Tante-Emma-Ladens deutlich machen:

Sie wohnten am Röhlingsweg. Eingekauft wurde im nächsten Laden, gleich hinter der Unterführung in der AlteKielerLandstraße. Das war natürlich ein Bedienungsladen, abgepackte Ware kannte man noch nicht so wie heute. Alles mußte eigens abgewogen und verpackt werden, in billige Tüten für Trockenware, oder in reißfeste Tüten für Naßware.

Der Kaufmann war ein älterer, gemütlicher Mann, der seine Kundschaft in offenem Hemd, aufgekrempelten Ärmeln und Hosenträgern bediente. Diese legere Art war auch ein Stück Nachbarschaft.

Mutter sollte Honig holen. Der Kaufmann verstand wohl nicht richtig oder war mit seinen Gedanken woanders; er füllte Senf in die Tüte. Mutter reklamierte, und nun passierte da 'was, das in mancherlei Hinsicht für den Tante-Emma-Laden bezeichnend ist: Der Mann schüttete den Senf in den Kump zurück und füllte statt dessen Honig — in die gleiche Tüte.

In ihrem kleinen Lebensbereich waren der Kunde, der Kaufmann und der Handwerker aufeinander angewiesen. Das verlangte nachbarliches Handeln und Dulden — von jedem, in einem gewissen Maße sogar über die Umstände des Krieges hinweg. Das war bloß nicht überall möglich. Viele der kleinen Läden und Werkstätten hatten ja für den Rest des Krieges zugemacht. Die Männer waren zum größten Teil beim Militär und kriegten von da ihren Sold. Damit war der Lebensunterhalt der Familien gesichert. Warum also sollten sie sich das Leben schwer machen.

Allgemein konnte wohl jeder einkaufen wo ihm das gefiel. Er mußte nur bei seinem Kaufmann in der Kundenliste stehen. Der bezog nämlich nach dieser Liste — genau zugeteilt — seine Großmengen von der städtischen Warenversorgung. Das Büro dieser Zentrale war am Jungfernstieg eingerichtet worden mit dem Ziel, die *gleichmäßige, rationierte Warenverteilung* zu sichern. Die Ware selbst wurde allerdings in den Turnhallen der Schulen verteilt. Da mußten die Einzelhändler irgendwelche leeren Behälter abliefern, die sie nachher gefüllt wieder abholen durften. Man denke dabei nur 'mal an das eben geschilderte Beispiel von dem Tante-Emma-Laden.

Der Verkauf erfolgte danach über Lebensmittelmarken und -karten und was das sonst noch an solchen Dingen gab. Für jedes bißchen Ware mußten mit der Schere kleine, zentimetergroße Abschnitte von den Karten abgetrennt werden, und die saßen nicht immer am äußeren Rand. Manchmal war das 'ne richtige Fummelei. Die Abschnitte mußten gesammelt, nach Warenarten sortiert, auf große Bogen aufgeklebt und schließlich — nach den bezogenen Großmengen — bei der Warenversorgung wieder abgerechnet werden.

Wie gesagt, in der Stadt gab das jetzt viel weniger Läden (Versorgungsbetriebe) als in Friedenszeiten. Und nun muß man sich 'mal vorstellen wie das so war, wenn die Leute vom Röhlingsweg ihr Gerstenbrot in der Löwenstraße, oder die Leute von der Grafenstraße ihre Butter am Gerhardsteich holen mußten. Die waren natürlich alle weit weg davon noch als Nachbarn angesehen zu werden. Kleine, nachbarlich-freundliche Gesten konnten sie nicht erwarten.

In der Mühlenstraße, gegenüber vom Ratskeller, war damals die Fettwarenhandlung Wulf. Das war eine der zwei übrig gebliebenen Verkaufsstellen für Fettwaren. Wulf hatte sich mehr auf Käse spezialisiert, Barlach am Gerhardsteich, das war der andere Laden, mehr auf Butter. In den beiden kleinen Läden herrschte natürlich Hochbetrieb, sobald die Wochenrationen zur Abholung aufgerufen waren, zum Beispiel

> Verkauf von Magerkäse in der Käsehandlung von Wulf, Mühlenstraße, am Montag und Dienstag für die Inhaber der Ausweiskarten Nr'n 3001 bis 1000, am Mittwoch und Donnerstag für die Nr'n ...

KEES UN WULF — so nannten ihn die Leute, war ein großer, hagerer Mann mit Schnauzbart, seine Frau dagegen eine kleine, rundliche Person. Die beiden mußten an den Verkaufstagen schon früh aufstehen. Ohne große Vorbereitungen im Lager hätten sie die Sache nicht bewältigen können. Manchmal waren sie noch damit beschäftigt, während die ersten Kunden schon in den Laden kamen. Denn mußte Frau Wulf 'raus und vertrösten. Natürlich kannte sie ihre Kunden, aber von denen aus der Nachbarschaft kannte sie auch noch die teilweise bedrückenden Verhältnisse. Das machte ihr die Sache schwer. Von den Zuteilungsmengen konnte sie ja nichts extra abgeben, obwohl sie auch davon manchmal heimlich ..., aber Gutherzigkeit sollte man ja nicht mit dem Verstand messen wollen. Allgemein ging die Sache so ab, wie Anna Mumm das erlebte:

„Guten Morgen, Frau Mumm, Sie sind ja schon früh da, wir sind noch gar nicht fertig. Ach ja, Ju hebbt sag Hunger, wat?"

Und denn packte Frau Wulf mit einer raschen Bewegung ein extra großes Stück Lederkäse ein, drückte das der Kundin in die Hand und schob sie zur Tür hinaus :

„Nehm' Se dat man eers mal, un denn kamt ju naher wedder, oder Se schick eenfach den Jung. Wi verwahrt Ju Ehr Todeelung."

Das ging in Ordnung — und danach kriegte Anna Mumm jede Woche ein großes Stück von dem Lederkäse. Was das ist? — Genau hab' ich das leider auch nicht zu wissen gekriegt. Das scheint aber so eine Art letzter Auszug aus der ausgemagerten Magermilch gewesen zu sein. Seine lederartige Festigkeit, daher der Name, soll dieser minderwertige Käse durch bestimmte Lagerzeit gekriegt haben. Im Gegensatz zu anderen Lebensmitteln wurde er *markenfrei* verkauft, so lange der Vorrat reichte. Die Leute haben sich darum gerissen. —

Viele ältere Rendsburger werden sich gewiß noch erinnern an Schlachter Arens. Der hatte seinen Laden zwei Häuser rechts neben dem Ratskeller von Theo Jakobsen, schräg gegenüber von Wulf. Das war in der Mühlenstraße eine andere Quelle für Extra-Zuwendungen, die aber bald wieder verloren gehen sollte.

Hein Arens hatte irgendwann eine Idee, die er an der verlängerten Butter abgesehen haben könnte[*]). Er streckte die Bratwurst mit Kartoffelmus. Dadurch entstand mehr Wurst als die amtliche Warenversorgung wissen durfte. Den *Wurstüberschuß,* den er dabei erzielte, verkaufte der Schlachter unter der Hand und natürlich markenfrei zur Hauptsache an solche Leute, die 'n Stück Extrawurst nötiger brauchten als andere; in Rendsburg und — wie neidische Leute nachher behaupteten — auch nach Hamburg.

Sein Geselle war wohl an sich nicht ganz so rein und sauber wie Arens sich das gewünscht haben mag. Der Meister klagte öfter:

„Dat is'n Smeerpott, dar mud man jümmers achter stahn..."

Eines Tages war das anscheinend so schlimm, daß er dem Gesellen endlich den Laufpaß gab. Nun ist zwar nicht bekannt — wie das gemunkelt wurde, ob da ein Zusammenhang bestand, aber der Schlachtermeister wurde kurz danach von der amtlichen Lebensmittelkontrolle heimgesucht und von da an hatte die *Extrawurst* ein Ende.

Bereicherung oder andere unredliche Motive konnten Arens in der späteren Gerichtsverhandlung wohl nicht nachgewiesen werden. Gegen alle Erwartungen soll er denn auch nicht mit Gefängnis, sondern nur mit

---

[*]) Vergl. Seite 14

einer kleinen Geldstrafe bedacht worden sein — was aber gar nichts zu sagen hat. Die geringe Strafe könnte man auch als Ausdruck der Dankbarkeit verstehen, wie der Richter sie in diesem Fall' empfunden haben mag, für den Tip zur Verlängerung der Wurst.

   Natürlich ließ Anna Mumm ihren Jungen tagsüber nicht hungern. Bevor sie morgens um fünf oder um sechs zur Arbeit ging, machte sie ihm Frühstück und Mittagessen fertig. Willi mußte aufstehen wenn sie aus dem Hause ging. Das war eine Vorsichtsmaßnahme, sonst hätte er die Zeit verschlafen. Aber die Sache hatte eben auch einen Haken. Da blieb Zeit, zu viel Zeit für einen großen Jungen mit Appetit. So kam das denn, daß seine Tagesration morgens schon alle war, daß ihm zwischen Frühstück und Abendbrot nur noch die Suppe von der *Schulspeisung* blieb, und damit war das man so 'was. Erst 'mal mußten die Kinder dafür extra von den Schulen nach der Stadthalle laufen, die Suppe wurde da im Bühnentrakt ausgegeben; meistens gab das Haferflocken, auf Wasser und Süßstoff gekocht, was natürlich fürchterlich schmeckte; und denn

waren die Portionen auch noch so klein, daß vielleicht lütte Deerns davon satt werden konnten, für große Jungs war das man bloß 'n Klacks.

Wohl erst im Fortschritt unserer Tage erkannte man die *Schlüsselkinder* als eine Schwierigkeit, als ein Problem — wie wir das heute nennen. Zu der Zeit, als die Leute noch miteinander lebten (nicht nebeneinander), da ahnte oder kannte man die Not des Nachbarn und kümmerte sich darum — wo möglich. Ein Beispiel solch nachbarlicher Hilfe findet sich in dieser Geschichte:

Gleich am Kriegsanfang war das halbwegs gesunde Pferdematerial eingezogen und die Eigner mit Kleingeld abgefunden worden. Für den Pferdehändler und Pferdeschlachter Johann Mahrt gab das zu Hause nicht mehr viel zu tun. Er meldete sich freiwillig zum Militär, holte sich — wie die Soldaten sagen — einen Heimatschuß und nun, im letzten Kriegsjahr, saß er wieder zu Hause 'rum. Wer jetzt noch eines oder mehrere Pferde besaß, der hatte sie dringend nötig, war dem LIEBEN GOTT dankbar für den Besitz und dachte nicht ans Verkaufen; sogar Gelegenheitsgeschäfte waren selten. Der Stall im Mühlengraben stand also meistens leer und Johann Mahrt konnte — nein, er mußte sich deshalb manchen ruhigen Tag gönnen.

Er wohnte bei seiner Schwester „Am Kirchhof", in dem Eckhaus zur Mühlenstraße. Bei gutem Wetter saß er öfter vor dem Haus auf der Steintreppe, die in das Hochparterre führte. Den Spazierstock mit der Krücke unter das Kinn geschoben, so blinzelte er denn unter halbgeschlossenen Lidern in den Sonnenschein, der immer um die Mittagszeit jede kleine Ecke in der schmalen Gasse erreichte. Die Wärme staute sich zwischen den Häusern. Da roch das nach Mittagessen. Und in der allgemeinen Ruhe, die fast einer spanischen Siesta hätte würdig sein können, hörte man aus den offenen Fenstern das Klappern von Geschirr.

Für gewöhnlich war Johann Mahrt um diese Tageszeit alleine draußen. Heute war auch noch der junge Mumm da. Der lehnte gegenüber bei Milchmann Bruhn an der Hauswand und schnitzte so wild an einem Stück Holz 'rum, daß man davon richtig nervös werden konnte:

„Da has' Du aber nicht lange was von, wenn Du so weitermachst."

Der Junge ließ sich nichts anmerken. Erst als der Mann ihn lauter anrief „hööö, bis' mall geworden", da bequemte er sich. Ungnädigsparsam maulte er so 'was wie „nee-nee" und warf das Schnitzholz in den Rinnstein.

„Komm her", forderte Mahrt und drückte den Jungen denn neben sich auf die Stufen.

„Has' noch kein Mittagessen gehabt, was?"

„Mh-mh."

„Is' Deine Mama denn nicht zu Hause oder habt Ihr nichts mehr zu beißen?"

„Ooch — man so, Mama is nach 'er Arbeit und denn kriegen wir heute Abend ers' was."

„Naja, denn has' ja noch 'n Berg Zeit, was? Kanns' das denn so lange aushalten oder wi's zwischendurch bei uns was abhaben?"

„Mh-mh", schüttelte Willi nochmal den Kopf, ein bißchen verlegen diesmal. Natürlich hatte er Hunger, gewaltig sogar, aber das hatte er ja noch nie gemacht, bei andere Leute was essen, und deshalb schon war ihm der Gedanke komisch.

Die Unterhaltung der beiden hätte nicht gut ausgehen können, so war das man ein Glück, daß sie abgelenkt wurden. Hinter ihnen, gleich um die Ecke, waren langsam-schwerfällige Schritte zu hören und pustender Atem, wie wenn einer schwer zu schleppen hat. Ein Strohballen schob sich an der Hausecke vorbei, darunter zwei krumme Beine. Johann Mahrt wußte plötzlich, wie dem Jungen zu helfen war. Wie der Blitz kam ihm der Gedanke:

Rasch zeigte er Willi an, er solle den Mund halten, und denn stemmte er seinen Spazierstock seitlich gegen den Strohballen. Der wackelte bedenklich, „so'n Schiet", brüllte einer und denn kippte die ganze Ladung auf den Gehsteig.

„Verdarich noch 'mal, wat weer dat."

Der die Ladung getragen hatte, der stand nun da, mit hochrotem Gesicht. Seine Hände in die Hüften gestemmt, so guckte er sich nach allen Seiten um. Er gewahrte die beiden auf der Treppe, die ihn 'was mehr als bloß freundlich angrinsten. Er zeigte auf den Pferdeschlachter:

„Ick seh Di dat an, Du hes mi den Kram rünner stött."

„I—ck? Bis' ma—ll?!"

Johann Marts Empörung war grenzenlos.

„Gegen de Huseck hes stött, jüs' hier", und dabei schlug er mit der flachen Hand gegen die Mauer, „...un nu segg ni noch eenmal, dat ick dat weer!"

Karl, seinen richtigen Namen konnte mir leider keiner mehr sagen, verdiente sein Brot bei Fiete Albrecht. Dem gehörten die Wirtschaft und der Ausspann rechts vor der Ecke Hohe Straße, da — wo heute das

Lampengeschäft Wendt ist. Für den Ausspann war Karl sozusagen verantwortlich.

Vor Johann Mahrts gespielter Empörung schreckte er zurück, er wollte keinen Streit. Aber da lag nun 'mal das Stroh auf der Straße und irgendwie mußte er damit nach Hause kommen. Allein brachte er den Ballen nicht hoch. Ob die beiden nicht 'mal eben...?

„Nee—nee", wehrte Johann Mahrt ab, „weet's ja, ick loop an' Stock un de Jung hier mud eers' wat eten. Aber Du kanns' Di doch 'n Karr halen", schlug er denn vor.

Der Gedanke war gut, man bloß, so viel verstand Karl ja nun auch von schlechten Zeiten, daß er das Stroh nicht einfach liegen lassen konnte — so ohne aufzupassen. Den Beiden auf der Treppe traute er nicht so ganz.

Nun, Johann Mahrt wußte was er wollte. Sie handelten noch 'n Ende miteinander 'rum und denn war die Sache endlich klar. Willi würde seinen Blockwagen von zu Hause holen und mit Karl zusammen das Stroh in den Ausspann bringen. Nach getaner Arbeit sollte er dafür *'n groote Schött'l Foderkartüffeln* kriegen, *daß der Junge or'nlich was zu essen kriegen tut.*

Als die beiden schließlich das Stroh auf Willis Wagen hatten und damit abgezogen waren, Willi vorne an der Deichsel und Karl hinten schiebend, da stand Johann Mahrt auf. Er ging ins Haus. Johann Mahrt brachte die Dinge wohl gerne was in Bewegung, aber denn verzog er sich lieber in seine Kammer und sah von oben zu, wie sich das da unten machte, auch jetzt. Hinter der Gardine wartete er ab, bis der Junge mit seinem Blockwagen und den Kartoffeln zurück kam. Danach legte er sich stillvergnügt zum wohlverdienten Mittagschlaf.

Futterkartoffeln, wie Willi sie für seine Hilfe kriegte, sind beschädigte oder für den Haushalt zu kleine Kartoffeln. Großzügig oder engherzig werden sie aussortiert, wie die Ernte und die Zeiten das gerade erlauben. Man kann sich die Eile vorstellen, mit der Willi den Blockwagen wieder nach Hause brachte — wie er die Treppen hochstürmte — wie er in mühsamer Kleinarbeit schälte und kratzte bis die Pfanne voll war — wie er ungeduldig den Herd anmachte und die Pfanne aufsetzte. Fett hatte er nicht, aber schwarzer Kaffee war noch da. Das zischte und bruzzelte in der Pfanne und das dauerte eigentlich viel zu lange, bis die Schmorkartoffeln gar sein würden. Man muß gehungert haben um nachfühlen zu können, welche Qualen der große Junge durchlebte, bis er sich endlich, endlich über seine so unerwartete Mahlzeit hermachen konnte.

IN RENDSBURG

Die Stadt bot damals ein trauriges Bild.
Reparaturarbeiten an Gebäuden und Straßen wurden nur noch ausgeführt, wo das beim besten Willen nicht mehr anders ging. Wegen des

Mangels an Arbeitskräften und Beförderungsmitteln und zur Schonung der Pferde

kam die Müllabfuhr nicht mehr bei den einzelnen Häusern vorbei, sie sammelte nur noch an den Straßenecken ein. Bei den Leuten war schwarze Kleidung wieder in Mode gekommen und fast schon hätte man meinen können, daß diese Mode auch die sonst so rege Geschäftigkeit in den Straßen dämpfte. Eine merkwürdige Stille herrschte in der Stadt, die man mit dem Ohr nicht wahrnehmen konnte, die aber jeder spürte.

Soldaten gehörten auch im letzten Kriegsjahr zum gewohnten Straßenbild der Garnisonsstadt. Mit ihren nun feldgrauen Uniformen brachten sie da allerdings auch nicht mehr so viel Farbe 'rein, wie noch 'n paar Jahre vorher. Und noch 'was an ihnen war anders: Das waren keine Dauergäste mehr, wenn wir einmal absehen von solchen *Militärpersonen,* die hier vielleicht im Arsenal ihren Dienst taten, in den Kasernen als Ausbilder oder als Ärzte und Pfleger im Lazarett an der Kaiserstraße. Das Groß der Uniformierten waren weniger junge Rekruten als verwundete oder kranke Soldaten — und Landsturmleute; Männer also, die nicht mehr ganz so wild darauf aus waren, irgendwen totzuschießen oder selber totgeschossen zu werden. Die Landsturmleute waren überwiegend ältere Familienväter, die sich im Augenblick mehr um ihre Familien sorgten als um Kaiser und Reich. Natürlich mußten sie trotzdem den Krieg üben, in dem Buschwerk auf der Königskoppel und in den Schießständen auf dem Exerzierplatz (heute Messegelände) in Osterrönfeld. Die militärische Disziplin verlangte ihr Recht, auch wenn der Drill nun 'was gemütlicher vonstatten ging als etwa in Friedenszeiten.

Untergebracht waren die Soldaten in den Kasernen und teilweise in Privatquartieren. Das war schon immer so gewesen; manche Familien waren sogar auf die knappen Quartiergelder angewiesen. Neuerdings gab das in der Stadt aber auch noch sogenannte Hilfsquartiere:

HANSENS GASTHOF gehörte dazu, der wegen seiner windoffenen Lage —gegenüber der Viehmarkthalle — von manchen Leuten auch KAP HORN genannt wird. In den Anfängen der Bismarckstraße war das Haus erst 1914 entstanden. Jetzt dienten Hof und Ausspann dem Landsturm als Quartier. Die *alten Herren* bekochten sich selber, ihre Goulaschkanone stand in der Einfahrt zum Hof. Das war bald ein gesuchter Treffpunkt für die ausgehungerten Kinder aus der Nachbarschaft, vom Röhlingsweg, aus der alten und der neuen KielerLandstraße. Angelockt wurden sie durch den appetitlichen Eintopfgeruch. Vielleicht dachten die Landstürmer an ihre eigenen Kinder? — denn obwohl sie selber nur knapp verpflegt wurden, streckten sie den Inhalt des Kessels immer noch so weit, daß wenigstens *'n paar vun de Lütten 'n or'nlichen Slag affkreegen*.

Dagegen war das TONHALLENCAFE nur so eine Art Durchgangsquartier. Man kennt das Lokal in der Nienstadtstraße; welcher Rendsburger hätte da nicht vorher oder in den Jahrzehnten nachher wenigstens einmal das Tanzbein geschwungen. Junge Mädchen erschienen in langen Röcken, in weißen, spitzenbesetzten Blüschen und mit Blümchen im Haar. In der Menge der Kavaliere war das Militär nicht zu übersehen. Weil aber Uniformierte und Zivilisten bei den Mädchen immer miteinander wetteiferten, so war die nächtliche Schlägerei regelmäßig vorauszusehen. 1918 spielte in dem Laden allerdings keine Tanzmusik und die Theke war zu.

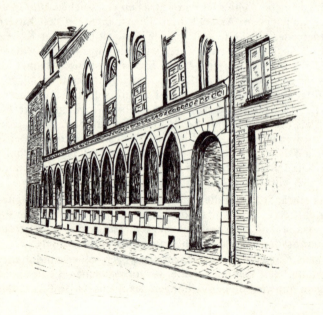

Es roch nach Massenquartier. Die Soldaten kamen einzeln oder in Gruppen, blieben ein paar Tage und zogen denn wieder weg, in andere Standorte — oder an die Front. Bei Auflösung dieses Quartiers im Januar 1919 wurden — sage und schreibe — zwei hochbeladene Wagen zurückgelassener Ausrüstungsgegenstände der Mannschaften abtransportiert.

Im Gegensatz zu den Landsturmleuten und den Patienten aus dem Lazarett, konnten die Männer aus dem Tonhallencafé gar nicht erst längere und engere Beziehungen zu den Rendsburger Bürgern entwickeln. Wie andere Leute auch, so waren sie Müßiggänger in den städtischen Anlagen, waren Passanten auf der langen *Rennbahn* zwischen Schleuse und Drehbrücke, zwischen der Bleiche und dem Nobiskrüger Gehölz. Und sie waren — je nach ihrer Art — friedliche Gäste oder streitbare Draufgänger in den gewissen Lokalen, in denen jetzt Dünnbier und wässeriger Köm ausgeschenkt wurden, wo die *leichten Pferdchen* verkehrten, die *Amtösen* oder — so nannte man sie Rendsburg — die Damen der *Hochseeflotte*. Auswirkungen des Krieges hatten diese spezielle Flotte nicht kleiner werden lassen. Manche, unter normalen Umständen gewiß wohlanständige junge Witwe suchte nach einem Ausweg aus ihrer Einsamkeit — und fand dabei eine kleine Erleichterung ihrer wirtschaftlichen Not.

Tugendhaftere Damen dagegen und natürlich solche, die sich das leisten konnten, wandten sich lieber Aufgaben gesitteter Art zu. Die Damen des „Vaterländischen Frauenvereins" waren ein gutes Beispiel dafür. Sie kümmerten sich unter anderem um das Wohlergehen der Patienten im Lazarett; von dem übrigens ein Teil in der Tiefbauschule untergebracht war. Gesangsdarbietungen und Lesestunden für bettlägerige, Kaffeefahrten und andere Unterhaltung für gehfähige Patienten standen im Programm. Das funktionierte ganz gut. Vortragskünstler aller Art stellten sich meistens kostenlos zur Verfügung, ab und zu sogar eine kleine Unterhaltungskapelle. An dieser Stelle soll allerdings auch einmal hingewiesen sein auf die umliegenden Gemeinden, die nicht bloß damals bei der Betreuung der Verwundeten mitwirkten, mit Einladungen, mit kurzweiliger Unterhaltung oder — wo das guttun konnte — auch 'mal mit einer deftigen Mahlzeit.

Umgekehrt sorgten die Militärs auch und immer noch in der Stadt für Unterhaltung. Da war das Trompetenchor der Trainsoldaten, das von einem gewissen Albert Wagner geleitet wurde. Daneben das große Musikkorps der 85-er Infanteristen unter der Leitung von Obermusikmeister Bartelt. Der war damals schon ein betagter Mann; sein Nachfolger wurde der Rendsburger Kapellmeister Rumohr. Mehrmals in der Woche, bei besonderen Gelegenheiten auch öfter, gaben die Kapellen Konzerte in der Stadt; im Mittelpunkt des Kindergartens vor dem Kriegerdenkmal, am Jungfernstieg vor der Stadthalle, in der lange Jahre viel besuchten Schweizerhalle neben dem Conventgarten, weiter im Schützenhof, im Nobiskrüger Gehölz und bei der Eiderhalle auf dem Eiland.

Wer wollte den Leuten das verdenken, wenn sie damals nach Abwechslung suchten aus der Sorge und der Not des Alltags. An den schönen Plätzen der Stadt dargeboten, konnten die Kapellen mit ihrer Musik diesen Zweck jedenfalls erfüllen.

Die Musik kann man hier leider nicht wiedergeben, aber die Beschreibung wenigstens eines der schönsten Plätze will ich an dieser Stelle versuchen.

Das Eiland.

Sie kennen den Park östlich des Bahndamms, zwischen dem Obereiderhafen und dem Gelände der Stadtwerke. Zur Festungszeit war das Eiland ein Inselvorposten vor der Elephanten-Bastion, die sich etwa an der Ecke Eisenbahn-/Wallstraße befand. Mit Aufschüttung der Erdmassen, die bei Schleifung der Festungsanlagen frei wurden, machte man um 1860 aus der Insel eine Halbinsel und ließ darauf einen Park entstehen. Dieser hat in den letzten Jahren leider schon wieder viel von seiner früher einmal natürlichen Behaglichkeit verloren, aber damals...

Generationen sind inzwischen über die Wege der Anlage gegangen. Einwohner, Soldaten und Gäste, und haben sich von ihren Reizen einfangen lassen; von der Behaglichkeit des Parks oder von der reizvollen Beschaulichkeit des Obereiderpanoramas, das man von der Eiderhalle aus, bei Bier und Brause, in vollen Zügen genießen konnte.

Wie heute dehnte sich damals zwischen den beiden Ufern die weite Fläche der Obereider. Auf dem in der Sonne flimmernden Wasser fuhr das Fährboot nach Büdelsdorf. Ein anderes Boot brachte Schichtarbeiter nach Nobis oder nach Audorf. Zivile und manchmal auch kleine Schiffe der kaiserlichen Marine passierten ab und zu die Schleuse oder machten im Hafen fest. Ruderboote fuhren hin und her, und still lagen vereinzelt die Boote der Angler, oder Fischerboote, an deren Heck von Zeit zu Zeit große Kreuzrahmen mit tief durchhängenden Senknetzen auftauchten.

Da sah man links die Hafenanlagen. Selbst im Kriegsjahr 1918 ging das da noch 'was lebhafter zu als heute. Anschließend die Schleusenfahrt mit dem Gerhardsdamm im Hintergrund. Bauern aus dem Alten Land,

Holländer und Friesen landeten hier in Friedenszeiten ihre Waren, verhökerten sie manchmal gleich aus dem Boot.

Auf der Büdelsdorfer Seite waren die reetgedeckten Häuser der alten Dorfstraße zu erkennen, und Thormanns Holzplatz. Rechts daneben die weitläufigen Fabrikanlagen der Carlshütte, und schließlich die Armesünderbucht, gesäumt von dem in der Ferne, je nach Stand der Sonne hell- oder dunkelschimmernden Grün der Hollerschen Anlagen.

Im Vordergrund rechts das Elektrizitätswerk. Gleich daneben die schwarzen Anlagen der Gasanstalt, mit ihren Fabriköfen und dem Gewirr von Rohren und Streben. Erst bei einbrechender Dunkelheit setzte das Gaswerk ein freundlicheres Gesicht auf, mit vielen Lampen, in deren Schein die weißen Abdämpfe verspielt in den dunklen Himmel zogen.

Die Eiderhalle war das Clubhaus des Ruder- und Regattavereins. Das Bootshaus und die Stege lagen gleich darunter am Wasser, damals offen zugänglich, heute mit Zaun und Verbotsschild. Daneben ein Bootsverleih, der aber bei gutem Wetter nie genug Fahrzeuge anbieten konnte. Mietinteressenten mußten deshalb gelegentlich viel Geduld aufbringen. Eine Bootsfahrt auf der Eider war allerdings auch nur 'was für wache Augen. Träumer fuhren nicht auf die Eider 'raus; die fanden lauschigere Plätze im Holstengraben, zwischen dem Eiland und dem Elektrizitätswerk. Von dem Graben war aus früherer Zeit noch ein Rest geblieben, unter Bäumen, grüngesäumt, mit verschilften Plätzen und in stolzer, ruhiger Gemessenheit gleitenden, weißen Schwänen. Diese Bilderbuchidylle war die schönste Einladung für eine gepflegte Bootspartie im Sonntagsstaat — und natürlich zu zweit.

Eine weiße Brücke verband die beiden Ufer des Grabens miteinander. Drüben wurde englisches Rasen-Tennis gespielt, man promenierte oder saß auf weißlackierten Bänken. Junge Leute, die hier selbst 'mal in kindlicher Neugier Liebespaare belauschten, suchten jetzt selber bescheidene Einsamkeit in den Überbleibseln der alten Schanzen, die als „Liebesberg" und „Liebesschlucht" einen viel schöneren Sinn gefunden hatten.

Schon seit das Eiland bestand war hier ein Badeplatz. Er reichte von den Bootsstegen bis nach der weißen Brücke, wo besonders Kinder und Jugendliche herumtobten. Das hatten die Bootseigner und Angler natürlich nicht so gerne. Die fühlten sich gestört und erkannten gewiß auch manche Unfallgefahr. Jeden Sommer, aber auch jeden Winter — wenn die Eider zugefroren war und die Kinder auf's Eis wollten, denn warnten und schimpften die Leute vergebens. Danach ließen sie das denn bei der gediegenen Weisheit:

„Wat salls' maken. De möd eers all affsupen, bevöer se klook ward."

Badefreuden kann man auch in Zeiten der Not genießen. Spätestens zu Mittag ging das Treiben am Strand los. Jungs hatten das 'was leichter als Mädchen. Sie konnten ja schon von zu Hause in Hemd und Badehose kommen. Wer so'n Ding nicht besaß, der sprang eben mit seiner ordentlichen Hose ins Wasser oder *in'e Ünnerbüx*; zum trocknen war die Sonne da. Anständige Mädchen durften selbstverständlich nicht im Badeanzug durch die Stadt laufen; vorausgesetzt — sie hätten überhaupt so ein rüschenbesetztes Etwas gehabt. Aber Not macht ja bekanntlich erfinderisch.

Schön brav in Kleid und Schürze, bewaffnet mit einer Wolldecke, so kamen die Mädchen zum Strand. Unter der Decke zogen sie sich um, und der Himmel soll wissen, was sie dabei zu flüstern und zu kichern hatten. Die Schürzen aber verwandelten sich auf wunderbare Weise in ungewöhnlich reizvolle, rückenfreie Badeanzüge, der Mode um glatte fünfzig Jahre voraus. Mit den Bändern hoch im Nacken gebunden, so wurden sie der Länge nach durch die Beine gezogen und von hinten mit dem vorderen Teil zusammengesteckt. Sicherheitsnadeln erfüllten hier einmal ihren Zweck im wahrsten Sinne des Wortes — das heißt, so lange die Geschichte tatsächlich hielt. Wenn nämlich so eine künstliche Naht aufplatzte. denn kriegten die größeren Jungs immer große, runde Augen und waren mit ein'mal 'n bißchen weniger frech und grob als vorher. Große, runde Augen kriegten natürlich auch die Spaziergänger und *Sehleute* am Ufer und auf der Brücke. Sei das nun in unerhörtem Staunen über solche Ungehörigkeit, oder vor lauter Bewunderung für die teilweise schon jugendlichen und sehr hübschen Mädchen.

Mißverständnisse waren da schon möglich.

Als Beispiel dafür kann Emmerich Hosbach dienen, der in der Eisenbahnstraße einen Instrumentenhandel betrieb. Ein freundlicher Mann mit nur einer offensichtlichen Marotte: Er trug ständig eine Marineuniform. Das fiel auf und ließ ihn in der Stadt zu eine Art Original werden, was aber durchaus im guten Sinne zu verstehen ist. Wie andere Leute, so machte auch Hosbach jeden Tag am Eiland seinen Spaziergang, und dabei auf der weißen Brücke eine kleine Pause. Bequem über das Brückengeländer gelehnt, so sah er einen Augenblick dem Treiben im Wasser zu, bis er sich wieder auf den Weg machte. Die größeren Jungs wurden bald auf ihn aufmerksam. Sie glaubten herausgefunden zu haben, daß *der man bloß wegen die Deerns kommt.* So viel vermeintliche Unanständigkeit konnten die *braven Jungs* natürlich nicht durchgehen lassen. Bald hatten sie einen Schlachtplan entwickelt:

Henni Ferber, Lieschen und Lenchen Tingsfeld und noch zwei von den Verdick-Mädchen vom Landsknecht, sie sollten den Mann mit einer wilden Plantscherei ablenken. Denn stiegen Arthur Mahrt und Luden Kühl von der einen, Willi Mumm und Richard Ferber von der anderen Seite auf die Brücke. Langsam und viel zu harmlos schlenderten sie auf Hosbach zu. Ob der 'was gemerkt hatte? — Er richtete sich plötzlich auf, nahm seinen Handstock verspielt in die Hände und guckte nun mit hoch erhobenem Kopf von einem Brückenende zum andern. Und je mehr er guckte, um so komischer wurde das nun den vier Helden; mit der Überlegenheit des Erwachsenen hatten sie wohl nicht gerechnet. Verlegen und nur zuerst noch zögernd wandten sie sich ab und sprangen denn — wie befreit — wieder in das Wasser zurück. Damit war die Sache ein für allemal erledigt. Hosbach hat noch lange Zeit jeden Tag auf der Brücke eine Pause gemacht und den Kindern und Jugendlichen zugeguckt, ganz ungeniert.

Alte Kleider und Hüte machen ebenso wenig Staat wie blankgescheuerte, verbeulte Anzüge und schiefgelaufene Hacken.
Wer nicht gerade die schönsten Plätze in der Stadt, die Wege an der Eider oder am Kanal suchte, der machte seinen Spaziergang in der Schleife. Da standen noch keine Häuser, und in der langen, staubigen Allee zwischen Gärten, Buschwerk und Wald, kam das ja ohnehin nicht auf die äußere Erscheinung an. Nun ja — in Friedenszeiten war das natürlich 'was anderes, da ging denn ja auch die ganze Familie spazieren und andere Familien auch. Bei solchen Gelegenheiten machte man Staat, vor den Nachbarn und so... Papa mußte sich den Stehkragen umbinden und die Hemdbrust und Gummimanschetten. Mama zog ihr Gutes an oder — wenn man *wohlhabend* genug war — ihr Zweitbestes. Die Jungs kriegten ihre Matrosenanzüge angezogen und die Mädchen ihr Gutes, ganz wie Mama. Dazu kriegten sie schön große Schleifchen ins Haar oder durften sich 'n Hut aufsetzen, so einen mit 'n breiten Rand und mit Bändern. Und so hübsche Taschen hatten sie, bananenförmig mit 'nem platten Deckel obenauf, da drin wurden Kuchen mitgenommen oder Marmeladenbrot und 'ne Flasche mit *'was zu trinken*. Und denn brauchte man bloß noch dem Weg nach zu gehen oder den Tönen der Militärmusik, die aus dem Gehölz zu hören war. So war das auch im Krieg.

Natürlich gab das auf dem Weg schon wieder Ärger mit den Kindern. Nicht nur Anna Mumm mußte aufpassen, daß ihr Willi sozusagen *bei Fuß* blieb. Die Stützen der Hochbrücke, damals noch nicht überall mit geschlossenen Gittern versehen, waren geradezu eine Herausforderung für jeden Jungen, eine gefährliche Herausforderung. Erwachsene standen tausend Ängste aus, wenn sie ihre Sprößlinge da oben entdeckten, willens — die ganzen vierzig Meter 'raufzuklettern. Nicht genug damit: Wenn nämlich die Aufseher einen zu fassen kriegten, denn gab das nicht bloß amtliche Prügel für den Übeltäter, sondern auch noch deftige Geldstrafen für ihre Erziehungsberechtigten.

Um wieviel weniger anstrengend war doch die weibliche Nachkommenschaft. Ob kleines Mädchen oder junge Dame, da genügte der einfache Satz:

„Ein Mädchen tut so 'was nicht",

und schon war alles in Butter. So ungefähr dachten die Eltern wohl allgemein; bis auf solche, die ihre Töchter schon 'mal eigenhändig aus den Stützen der Hochbrücke 'rausholen mußten. Sonst waren die kleinen Mädchen aber tatsächlich harmloser in ihren Streichen. Das kann man an der Geschichte mit den Werbekärtchen von Hannes Rohde sehen.

Rohde war ein großer, freundlicher Mann. Er hatte eine dicke Warze im Gesicht und wurde deshalb allgemein *Hannes mit de Wart* genannt. Ihm gehörte die Gaststätte PALME in der Grafenstraße, auf dem Ende zur Kronprinzenstraße hin, gleich neben Kaufmann Jäger (das Haus ist inzwischen abgerissen). Er war so 'was wie ein Alleinunterhalter, nannte sich wohl deshalb auch selber „musikalischer Wirt". In seinem Lokal gab das Konzerte und Tanz. Wenn der Musiker ab und zu 'mal Pause machte,

denn spielte eine über Lochkarten und Walze gesteuerte Musikmaschine; Musikbox sagt man inzwischen auf Neudeutsch dazu. Rohde hatte überhaupt eine Vorliebe für die neue Unterhaltungstechnik, das erste Flimmerkino in Rendsburg spielte in der Palme.

Männliche Gäste *aller Kreise* verkehrten in dem Laden vielleicht deshalb, weil da einige Einheiten der Rendsburger Hochseeflotte einen

Ankerplatz hatten. Genug Attraktion jedenfalls, daß Rohde nicht umhin konnte, sich hübsche, glatte Werbekärtchen drucken zu lassen:

> *Wer in Rendsburg will was sehn*
> *muß zur Palme*
> *beim Wasserturm gehn.*

Nachmittags nun, in seinem Laden war noch nicht viel Betrieb, ging der Wirt überall da spazieren, wo viel Publikum zu erwarten war. Die Hände auf dem Rücken zusammengelegt, ein Bündel Karten dazwischen, so ließ er bei jedem fünften Schritt eine dieser Drucksachen fallen. Die sauberen Karten erregten Aufmerksamkeit, wurden aufgesammelt und gelesen, ein erster Werbeerfolg. Wenn das nur immer so gegangen wäre, denn auf dem Weg in das Nobiskrüger Gehölz liefen ja auch viele Kinder 'rum und Rohdes Karten waren doch nun wirklich ein schönes Spielzeug, gerade richtig für kleine Mädchen.

Am Ende von dem Weg wartete im Nobiskrüger Gehölz ein Ausflugslokal, ein Café, dessen Wirt sinnigerweise auf den Familiennamen GRÜN hörte. Da draußen konnte man rasten und den Kindern unbesorgt freien Lauf lassen, was man zu der Zeit aber eigentlich ohnehin konnte. Der Wirt hielt sich allerlei exotisches Gefieder, Pfauen, Papageien und so 'was, und damit waren die Gör'n denn ja vollauf beschäftigt.

Jetzt im Krieg waren die Getränke nicht besonders gut. Wer könnte schon Dünnbier oder Ersatzkaffee mit Süßstoff als einen Genuß ansehen. Aber bei flotter Militärmusik ließ sich das gut sitzen und Leute waren auch genug da, mit denen man 'n bißchen was schnacken konnte und die einen 'mal auf andere Gedanken kommen ließen. Neuigkeiten wurden da erzählt, geheime Bezugsquellen für schwarze Ware weitergegeben und Sparrezepte ausgetauscht. Manchmal waren Urlauber da. Die erzählten von den Schwierigkeiten und Nöten an der Front, erzählten von anderen Soldaten die man vielleicht selber kannte, Gutes und Trauriges. *Grüß man schön*, und denn konnte das wohl sein, daß man sich umdrehte um rasch 'mal mit's Taschentuch über die Augen zu wischen.

Erst spät, wenn das frisch oder schon duster wurde, wenn die Kinder ungeduldig 'rumquarkten, denn wurde bezahlt und — hinter der Militärmusik her — ging es im Eiltempo wieder zurück in die Stadt.

Und abends in die PALME — so müßte man nun eigentlich sagen, aber das wäre nur halbe Sache. Tatsächlich gab das in Rendsburg ja noch mehr Lokale dieser oder ähnlicher Art; auf 'n paar davon werden wir noch in anderem Zusammenhang zu sprechen kommen. Daneben war da noch die Menge kleiner Wirtschaften, die ebenso wie der Kaufladen, der Milchmann und der Bäcker, mit zu der Nachbarschaft gehörten. Kleine Lokale waren das, manchmal gerade so groß wie die Stube zu Hause, bloß nicht so bequem eingerichtet. Aber das merkten die Leute nicht weiter. Bei *Lütt un Lütt* und einem gemütlichen Schnack mit den Nachbarn, da fühlte man sich wohl, auch wenn das Bier man bloß Wilhelmstaler Dünnbier war, von der Rendsburger Wolff-Brauerei.

Das gleiche Bier kriegte man auch in den großen Sälen, in denen Unterhaltungsabende, Künstlerkonzerte oder — wie in der Schweizerhalle, Militär- und Gartenkonzerte geboten wurden.

Wohltätigkeitsveranstaltungen fanden im ELEKTRA statt, mit *Dichtung und Gesang*. Direktor Burau arrangierte diese Veranstaltungen zu Gunsten hilfsbedürftiger Krieger und deren Angehörige; Loge 3,— Mark, Balkon 2,50, Sperrsitz 2,—, 1. Platz 1,50 und 2. Platz 1,— Mark. Die Karten konnte man damals schon in den stadtbekannten Vorverkaufsstellen kriegen, im Zigarrenhaus Barlach am Jungfernstieg und bei Papierwaren Albers in der Königstraße.

Mit solchen Veranstaltungen war das Kinoprogramm im Elektra natürlich nicht abgemeldet. Schon den nächsten Tag wurden wieder Filme vorgeführt. Da war der nachher so berühmt gewordene Wiener Burgschauspieler Werner Krauß zu sehen, in dem Melodrama *Die schleichende Gefahr*. Das Rahmenprogramm präsentierte Paul Heidemann in dem — wie die Werbung sagte — glänzenden Dreiakter *Und stets kam was dazwischen*.

Im CENTRAL-Kino in der NeueStraße, das Haus steht schon lange nicht mehr, spielte Lotte Lehmann in dem Streifen *Lori & Co.*

Das Lichtspielhaus Schleifmühlenstraße nannte sich erst später SCHAUBURG. Da wurde ein Streifen unter dem Titel *Lehmanns Brautfahrt* angeboten. Die Direktion dieses Hauses muß schon immer eine Vorliebe für romantische Filme und Filmtitel gehabt haben. Generationen von Pärchen und Paaren saßen händchenhaltend in dem Kino, haben Händchen gedrückt, und immer — wenn die Vorführung aus war — hatten die Damen tränenfeuchte bis nasse Taschentücher, weets noch? —

Wenn man sich weitere Filmankündigungen aus der Zeit ansieht, in denen Namen wie Asta Nielsen und Henny Porten nicht fehlen durften, denn muß man aber doch feststellen, daß die Filmtitel auch damals schon ziemlich einfallslos waren: *Die erwachende Venus, Pinselputzi rendevuzelt, Alberts Hose* usw. Nicht gerade große Filmkunst wurde angeboten, sondern mehr oder weniger leichte bis seichte Unterhaltung. Wichtig war anscheinend nicht die *Erprießlichkeit* des Abends, vielmehr der Augenblick des Vergessens, nämlich von der alltäglichen Not des Krieges, die jeder im nächsten Augenblick schon wieder überdeutlich zur Kenntnis nehmen mußte.

Und denn kam die Revolution.

II. TEIL
REVOLUTION

SCHEET DI DOT, SEGGT HE...

Wie überall in den nicht ganz so dicht besiedelten Gebieten, so wurde die Revolution auch in Rendsburg nicht eigentlich gemacht. Sie kam eher 'rangeschlichen und brachte nur ein paar unruhige, nicht 'mal laute Tage mit sich. Danach hätte man meinen können, der gewohnte Alltag sei nun wieder eingekehrt, aber das war natürlich nicht so.

Obwohl das Tageblatt komischerweise gerade zur Zeit der Unruhen in Kiel ziemlich dünn wurde, kamen doch klare Nachrichten nach hier. Das hat gewiß 'ne ganze Reihe Leute gegeben, die mehr wußten als andere. Insgeheim hatte sich ja schon der Soldatenrat gebildet, hatte Aufrufe formuliert und Beschlüsse gefaßt, was als nächstes zu tun sei. Bloß ein Programm hatten sie zu der Zeit — wie wir sehen werden — noch nicht verfaßt.

Schon Mittwoch, dem 6. November 1918, nur einen Tag nach dem blutigen Zusammenstoß in Kiel, wurden hier in der Stadt Flugblätter verteilt:

> Die Flamme der Freiheit ist auch in Rendsburg aufgelodert! Rendsburg befindet sich in Händen des Soldaten- und Arbeiterrates. Wuchtig und entschieden hat die Freiheitsbewegung der Soldaten und Arbeiter auch von Rendsburg Besitz ergriffen. Seit 2 Uhr befindet sich Rendsburg in den Händen des Soldaten- und Arbeiterrates!

Das war natürlich übertrieben. Sie hatten die Stadt noch nicht in der Hand. Die Sache machte sich nur 'n bißchen besser wenn man das schon 'mal behauptete. Und außerdem sollte das ja nun wirklich losgehen.

Fleißigste Revolutionäre waren die (Heimat-) Soldaten, die unterbeschäftigten Etappen-Hengste – um das 'mal nach Soldatenart zu sagen. Abgesehen von ein paar Funktionären, Postenjägern und Mitläufern, die bei solchen Gelegenheiten immer dabei sind, mußten sie sich die zivile Gefolgschaft erst noch suchen. Nutz und Zweck wurden miteinander verbunden:

Treffpunkt am 6. November nachmittags um zwei vor dem Bahnhof. Man begrüßte sich mit Handschlag oder – das war 'mal ganz 'was neues – mit der hochgestreckten Faust. Einigkeit macht stark. Als äußeres Zeichen dafür kriegte jeder eine rote Armbinde und noch extra ein rotes Band, das er sich ans Revers oder um die Mütze binden konnte.

Zur Probe besetzten sie erst 'mal den Bahnhof. Das ging in Ruhe vor sich. Das Bahnpersonal war ganz verdattert und konnte sich keinen Vers auf das Theater machen. Aber die Revoluzer störten nicht weiter und der Bahnhof war ja sowieso 'ne öffentliche Anlage, also dachten die Bahnleute *lat se doch rumloopen.*

Nach dieser *Kraftprobe* fühlten sich die Revolutionäre stark. Sie marschierten los, rote Fahne vorneweg und die unausbleibliche Menge Neugieriger hinter 'ran. Nachher hörte sich das denn so an, als ob die alle dazugehört hätten. Aber das ist ja nun 'mal so: *Ohne Schießgewehr keine Revolution und ohne Fahnen und Uniformen keinen Auflauf.*

Nicht jeder besaß eine Waffe. Also ging der Marsch erst 'mal zum Arsenal. Für Formalitäten war jetzt keine Zeit. Kameraden drinnen warfen die Gewehre einfach zum Fenster 'raus. Jeder Mitläufer konnte sich bedienen. Und nun, wo sie mit den Gewehren auch revolutionäre Macht besaßen, nun erst ging das richtig los mit der Besetzerei: Die

Post, das Rathaus, die Hauptwache, die Kommandantur und natürlich alle größeren Betriebe in der Stadt, wo die zivilen Genossen reinschierweg ungeduldig auf ihre Befreiung warteten. Das die Helden beiläufig auch die Lebensmitteldepots und andere Warenlager besetzten, das versteht sich ganz von selber. Ordnung muß ja schließlich sein, und wer hungrig an die Quelle kommt, der bedient sich auch kräftig – war ja immer noch besser, ein satter Freiheitskämpfer zu sein als ein solidarischer Hungerleider.

Erst den nächsten Tag, das war Donnerstag, kamen die Rendsburger dahinter, daß der Arbeiter- und Soldatenrat bis dahin eigentlich nur ein Soldatenrat gewesen war; erst jetzt, an diesem Vormittag, wählten die *Vertrauensmänner der hiesigen Betriebe* den Arbeiterrat dazu.

Der Rendsburger Arbeiter- und Soldatenrat setzte sich aus je fünfzehn Männern zusammen, wovon wieder je sechs den sogenannten engeren Ausschuß bildeten. Die nannten sich nachher *Ober*-Arbeiterrat und *Ober*-Soldatenrat. Den Vorsitz führte bei den Soldaten ein gewisser

Goepner, bei den Arbeitern hieß er A. Heering, dem die *Genossen* Schulz, Winkler, Hartz und Walter zur Seite standen, weiter der frühere oder spätere Reichstagsabgeordnete Regenfuß; Fischhändler Peters aus der Schleifmühlenstraße (gegenüber von der Schauburg), der nachher ein paar Jahre lang Bürgermeister in Westerrönfeld war; ein gewisser Witthöft, den man nachher im Finanzamt wiederfinden konnte; Maurer Engelmann, der im Arbeitsamt die gleiche Chance hatte, sie aber ebenso wenig nutzte wie der Hafenarbeiter Kühl, der möglicherweise nur als Schwadroneur vom Biertisch in den Rat gewählt wurde. Dieser Querschnitt durch den Arbeiterrat macht seine Zusammensetzung ein bißchen deutlich und läßt erkennen, daß sich in Rendsburg – wenigstens im zivilen Bereich – die gemäßigteren Kräfte durchgesetzt hatten. Im Gegensatz zu den Soldaten trugen sie auch nicht rote, sondern weiße Armbinden.

Als sie nachmittags ihr Programm verlesen wollten, als der in Kiel bestellte Redner nicht angekommen war, da verkündeten sie einfach:

> Unsere politischen Forderungen sind in den Beschlüssen des sozialdemokratischen Parteiausschusses niedergelegt.

Von den viel schärferen Forderungen der Unabhängigen und der Kommunisten war hier gar nicht erst die Rede.

Bei all der Besetzerei hatten die Soldaten noch keine Zeit gehabt, ihre Forderungen an die Regierung aufzuschreiben. Während also die Arbeiter noch den Arbeiterrat wählten, dachten die Soldaten schon über den Zweck der Revolte nach. Als Vorlage diente ihnen dabei das erste Rebellen-Programm der Kieler *Kameraden,* ein 11-Punkte-Programm, das sich vereinfacht so wiedergeben läßt:

1. Absolute Freiheit der Soldaten;
2. Abschaffung aller Vorgesetzten;
3. Nur der Soldatenrat ist Vorgesetzter;
4. Mitglieder des Soldatenrates haben keinen Dienst.

Aus dem wörtlichen Inhalt des Programms ist an dieser Stelle nur der erste Punkt wichtig:

> Freilassung der wegen militärischer Vergehen Inhaftierten und der politischen Gefangenen.

Diese lapidare Forderung der ersten Stunde war den Räten in Rendsburg natürlich nicht präzise genug. Nach ihrer Meinung sollte hier 'mal erst die Durchsicht der Strafakten vorgenommen werden... Nun war das zwar sehr vernünftig, aber leider auch zu spät gedacht. Noch während der Soldatenrat tagte, verwirklichten die roten Kameraden draußen schon den ersten Kieler Programmpunkt.

In der Haftanstalt saßen damals sechs Matrosen ihre Strafen ab, die 1917 an der Meuterei in Wilhelmshaven teilgenommen hatten. Die wurden nun befreit:

Aktion ohne Musik? – im Kaiserreich unmöglich!
Der alte Obermusikmeister Otto Bartelt wurde um Begleitmusik *gebeten*, und denn ging das mit klingendem Spiel zur Audorfer Fähre. Da wartete die rote Matrosenbrigade aus Kiel, in halber Kompaniestärke, bewaffnet, wild entschlossen und – hungrig *bis an die Kiemen*. Der Weg von Kiel nach Rendsburg war damals anstrengender als heute, und von Parolen ist ja nun wirklich noch keiner satt geworden. Also marschierten sie – wieder mit klingendem Spiel – erst 'mal in die Stadt, zum Altstädter Markt. Da hielten sie nicht erst lange Rat, Bäcker Thodes Laden lag vor der Nase und war damit die erstbeste Einladung. Das Geschäft wurde schlicht ausgeräumt und dem aufgeregten Bäcker bedeutet, in der Stunde der Freiheit müsse eben jeder seinen Beitrag leisten. Neugestärkt marschierten sie – immer noch mit klingendem Spiel – endlich zur Haftanstalt. Eine Schlachtordnung hatten sie nicht. Der wilde Haufen stürmte einfach so auf das Tor zu, aber – *scheet Di dot, seggt he*. Vor dem Tor war erst 'mal Pause.

Im Laufe des Krieges war das Wachpersonal der Anstalt teilweise durch Landstürmer ersetzt worden. Buchbinder Hansen vom Jungfernstieg gehörte dazu. Er stand in irgendeinem Unteroffiziersrang und war diesen Tag für die Wache verantwortlich. Als Hansen Meldung kriegte, zu welchem Zweck die rote Brigade nach Rendsburg gekommen war, da ließ er selbstverständlich Posten beziehen und die Waffen in Anschlag bringen. Diese Entschlossenheit dauerte allerdings nicht allzu lange. Gewissermaßen zur besseren Verständigung wurde nämlich vor und hinter dem Tor laut gebrüllt und Hansen begriff bei lütten, daß die Übermacht draußen zu groß war. Auf Dauer konnten sie da ja wohl nicht gegen an. Außerdem waren die Roten auch noch bewaffnet und Blutvergießen war nun wirklich nicht Hansens Sache. Also entschied er sich für die Neutralität. Seine Mannschaft mußte

„alle Mann die Waffen wieder abgeben und abtreten auf die gewohnten Plätze. Das Tor wird nicht aufgemacht".
Aber das war auch nicht nötig, das machten die von draußen. Und die ließen denn auch jeden Häftling frei der nur wollte und den selbst Pastor Schröders mahnende Worte zur Vernunft nicht halten konnten. Das waren die sechs *Kameraden* aus Wilhelmshaven und ein paar Kriminelle. Letztere mußten nachher gesucht und wieder eingefangen werden; teilweise hatten sie inzwischen auch schon 'was Neues auf dem Kerbholz.
Der Tag war noch nicht zu Ende.

Mit der roten Matrosenbrigade waren ein paar gebürtige Rendsburger zurückgekommen, die – sozusagen in einem Aufwasch mit der Revolution – persönliche Dinge zu regeln suchten. Besonders hatten sie das auf einen Ingenieur von NOBIS abgesehen, der damals bei der Tiefbauschule wohnte; den wollten sie aufhängen, das sagten sie jedenfalls. Aber wie andere vorgesehene Opfer, so kriegte zum Glück auch dieser Mann Wind von der Sache und konnte sich erst 'mal rechtzeitig auf der Werft in Sicherheit bringen. Da lag zu der Zeit gerade eine kleine Einheit Minensuchboote. Die Besatzungen dieser Boote wollten mit den roten Kameraden nichts zu tun haben. So mußten die Helden denn wohl oder übel wieder abziehen. Besagter Ingenieur soll erst Jahre danach wieder nach Hause gekommen sein.

Ein anderes Beispiel lieferte übrigens ein gewisser Hauptmann Lehmann. Der wohnte damals in der Königstraße, in dem Haus neben Lederwaren-Freitag. Vier der roten Matrosen drangen in seine Wohnung ein. Sie wollten ihn entwaffnen und denn sollte er sich zu den Parolen der Revolution bekennen. Lehmann griff in die Schublade, legte seine Waffe auf den Tisch und erklärte ruhig:
„Die Pistole, Leute, die könnt Ihr von mir aus mitnehmen. Ihr könnt mir auch die Befehlsgewalt streitig machen, aber meine Gesinnung lasse ich mir von Euch ganz gewiß nicht nehmen. Und nun geht Ihr am besten wieder nach Hause". –

Die Menge der Befreier und ihre sechs befreiten Kameraden aus Wilhelmshaven marschierten inzwischen – weiterhin mit klingendem Spiel – nach der Infanterie-Kaserne in der Kaiserstraße. Um zwei sollte da eine Versammlung der *Arbeiter aller Betriebe* stattfinden, zu der man aber umsonst auf den Redner aus Kiel wartete. Hier wollte sich der Arbeiterrat nun 'mal erst den Genossen vorstellen und ihnen erzählen, was sie – die Genossen – denn überhaupt von der Regierung forderten. Denn das war ja so die Hauptsache an der ganzen Revolution, daß die Soldaten, Arbeiter und Bürger, überall mitmarschieren und *hurra* schreien sollten, aber eben bloß hurra. Sonst galt die öffenlich verkündete Maulkorbparole:

Seid s t i l l e Mitarbeiter unserer Bewegung!

Wer als Nicht-Funktionär mitreden wollte, behinderte die Revolution und galt als Störenfried. Wer sogar wagte eine andere Meinung laut zu sagen, der galt als Unruhestifter, als *unlauteres Element*. Solche Leute wurden bei Gelegenheit sofort festgenommen – wenn auch nur für wenige Stunden. Schmiedemeister Möller erfuhr das am eigenen Leibe:

Der Meister war ein stadtbekannter Mann, nicht bloß wegen seiner hünenhaften Erscheinung. Ein Pferd hatte ihn in jungen Jahren getreten, seitdem war seine rechte Kopfseite durch eine tiefe Narbe und einem übrig gebliebenen Ohrzipfel gezeichnet. Möller war ein Kaisertreuer. Er konnte und mochte sich deshalb nicht mit dem Arbeiter- und Soldatenrat abfinden, der doch anscheinend alle Ordnung auf den Kopf stellte. So wetterte er denn mit Gleichgesinnten gegen den *Verein*. Und wehe, wenn da irgendein *Klookschieter* so 'n dummen Schnack erzählte, als ob die roten Bonzen plötzlich das Regieren gelernt hätten. Über seine eigenen Reden kam der Meister denn in Fahrt und sein rechter Ohrzipfel leuchtete dabei so rot, wie eine Positionslaterne in der Nacht – bloß auf der falschen Seite.
Für Freitag, das war der 8. November, hatten sie wieder zu einer Kundgebung auf dem Paradeplatz aufgerufen. Zur Zeit der Revolution sollte das die erste wirklich große Kundgebung in Rendsburg werden, aber nicht wegen der Parolen. In Berlin hatten die Sozialdemokraten den Kaiser zur Abdankung aufgefordert. Die Rendsburger wollten darüber 'was Neues hören und kamen deshalb alle zum Paradeplatz, auch die Kaisertreuen, und natürlich Schmiedemeister Möller. Nun hatten Majestät aber noch nicht abgedankt und die revolutionäre Festesfreude mußte verschoben werden. Darüber kriegten die Redner schlechte Laune, denn nun stimmten ja ihre Reden nicht mehr. In der Eile kriegten sie den falschen Ton zu fassen, sie führten eine scharfe Zunge und brachten damit die Kaisertreuen in Rage.
Das Rednerpodium stand sinnigerweise neben dem Lornsen-Denkmal, Möller war nahe bei. Allmählich ging ihm die Mütze hoch. Ob diese *Sozis* denn gar kein Ehrgefühl im Leibe hatten – mitten im Krieg so'n Theater zu machen – dem Erzfeind in die Hände zu arbeiten – den eigenen Soldaten in

den Rücken zu fallen – das Vaterland und alle guten Sitten zu verraten – dabei hatten sie doch 1914 selber am lautesten mitgeschrien – also, einer mußte doch nun endlich 'mal 'was sagen. Gedacht – getan.

Möller sprang auf das Podium, den Redner mit der roten Armbinde stellte er kurzerhand an die Seite, und denn legte er 'mal so richtig los – man bloß nicht lange genug. Auf einmal standen da nämlich welche mit aufgepflanztem Bajonett bei ihm. Er wurde arretiert und in die Hauptwache gebracht. Abends ließen sie ihn wieder laufen, aber da war die Kundgebung natürlich schon lange aus.

Der Schmiedemeister hat sich nachher noch oft über die *Sozis* geärgert, aus politischen und aus ganz persönlichen Gründen. Seine Wohnung und seine Werkstatt hatte er in der Obereiderstraße. Gegenüber war die Wirtschaft von Moritz Pickard, in einem damals noch schönen, alten Fachwerkhaus an der Ecke zur Münzstraße. In dem Lokal verkehrten die SPD-Anhänger dieses östlichen Viertels von Neuwerk; Arbeiter also – und nicht gerade die fleißigsten, wie Möller voreingenommen manchmal so laut dachte, daß die ganze Nachbarschaft mithören konnte. Mit dem niedrigen Preis von nur fünfzehn Pfennig für einen *Lütt un Lütt* hielt Pickard sich die Gäste warm. Sie dankten ihm das jeden Abend mit großer Ausdauer bis zur Polizeistunde und anschließend mit viel Lärm auf der Straße. So hatten sie alle 'was davon, der Wirt, seine Gäste und die Nachbarschaft.

Fast hätte man meinen können, da habe sich nichts geändert, so ruhig und anscheinend unbeteiligt verhielten sich die Rendsburger allgemein gegenüber der Revolution, Hitzköpfe ausgenommen.

Der Arbeiter- und Soldatenrat (A+S-Rat) betonte von Anfang an, die Durchsetzung der revolutionären Forderungen werde

> ...in Ruhe geschehen. Es wird deshalb zur Besonnenheit aufgefordert, damit jegliche Störung der öffentlichen Ordnung vermieden wird...

Beamte und Angestellte der öffentlichen Dienste machten sich trotzdem Gedanken um ihre Anstellungen, nicht ganz ohne Grund. Schließlich war der Landrat des Kreises – wie sie schrieben – in *Schutzhaft* genommen worden. Andere Staatsdiener in der Stadt mußten lange und ziemlich dumme *Verhöre* über sich ergehen lassen. Aber der A+S-Rat beruhigte:

> ...Da die Geschäfte in allen Verwaltungen nach wie vor in der alten Weise fortgeführt werden und nicht im geringsten daran gedacht wird, in die Vertragsverhältnisse der Beamten und Angestellten irgendwie einzugreifen, ist diese Beunruhigung in jeder Hinsicht unbegründet...

Damit befreite er sich von einer großen Last. Wenn das Verwaltungssystem bestehen blieb wie bisher, denn kriegten die Behörden ihre Weisungen ohnehin von höherer Ebene, und hier hatten sie ja Bürgermeister Timm, der – nach dem nachher die Mittelschule benannt wurde. Der hielt damals alle Fäden fest in der Hand und konnte sogar viel unkluges *Mitschnackenwollen* der Herren Räte abwehren. Ohnedies gab das in der Stadt ja schon Probleme genug.

Da war die Kleingeldnot. Nachdem die Leute ihr Geld erst in die Kriegsanleihen gesteckt hatten, hamsterten sie nun angeblich alles Silbergeld. Schon im Krieg waren offiziell Notgeldscheine im Wert' von zehn und fünfzig Pfennig ausgegeben worden, trotzdem war das Kleingeld immer alle. Manche Städte und Gemeinden halfen sich nun selbst. Auch die Stadt Rendsburg ließ im November 1918 vierhunderttausend Mark Fünf-, Zehn- und Zwanzigmarkscheine drucken. Im Februar 1919 wurden die Zehn- und Zwanzigmarkscheine wieder ungültig und im März gab das schon wieder neue Zehnmarkscheine als Notgeld. Die trugen den mehr sinnigen als hoffnungsvollen Spruch

> Mögt Schaap un Dieken un alls vergahn,
> uns Schleswig-Holsteen schall bestahn.

Die Notgeldscheine waren nur erste harte Kieselsteine auf dem Weg' in die Inflation.

Ein anderes Problem war die Lebensmittelversorgung. In den letzten Wochen eher noch schlechter als besser geworden, drohte sie nun zu einer Katastrophe zu werden. Durch den Krieg war die Eisenbahn 'runtergewirtschaftet. Für Lebensmitteltransporte fehlte der Transportraum. War der endlich bereitgestellt, dann waren keine Kohlen da um die Lokomotiven in Gange zu bringen. Zum Beispiel wurde die im November 1918 für den Kreis Rendsburg bestimmte Zuckermenge in Hamburg drei Mal umgeladen bis sie endlich abgeschickt werden konnte, diesmal per Schiff. Mit vierzehn Tagen Verspätung und leicht geplündert kam die Ladung schließlich am Kreishafen an.

Die Gemeinden Rendsburg und Büdelsdorf hatten sich zu einem Versorgungsverband zusammengetan. Durch die Verkehrsbehinderungen waren sie aber so weit in Schwierigkeiten gekommen, daß den Bauern der Umgebung die militärische Requisition drohte, Hausdurchsuchungen und Beschlagnahmen. Das veranlaßte den BAUERNVEREIN DES NORDENS zu einem großen Sammelaufruf an seine Mitglieder. Aber der Sammelerfolg war nicht ganz so groß wie der politische Erfolg, denn nun mußten auch die Bauern zusammen mit ihren Arbeitsleuten sogenannte Bauernräte gründen.

Von Woche zu Woche veränderte sich das Aufkommen der Viehmärkte. War der Auftrieb heute gut, denn konnte er morgen schon wieder viel zu niedrig liegen.

In der Zeitung stand dieser Bericht:

> Die große politische Umwälzung, die sich in dieser Woche in unserer Provinz vollzogen hat, hat eine Lauheit der Marktlage mit sich gebracht, zumal die Verkehrsverhältnisse dadurch in Mitleidenschaft gezogen worden sind...

Natürlich mochte der A + S-Rat nicht gerade da beiseite stehen, wo man sich so schön der Öffentlichkeit zeigen konnte, aber in Fragen der Versorgung blieb ihm kein Spielraum. Rüührend – muß man sagen, daß er sich das trotzdem nicht nehmen ließ, wenigstens 'n paar kleine Anregungen zu veröffentlichen, über „die Verwendung der Zuckerrübe" (Zuckergewinnung für den Haushalt) und „die Rangfolge bei der Ernte von Bucheckern und Hackfrucht".

Um Vertrauen wurde geworben. Die freie, soziale Volksrepublik winkte den Arbeitern sozusagen als Belohnung für's *Schnauze halten*. Die unerbittliche Macht der Revolution dagegen drohte den Aufrührern und sonstigen Elementen. Revolutionäre haben ja immer eine Heidenangst, daß andere Leute genau so frech sein könnten wie sie selber. Honig und Peitsche standen also im Angebot und jeder konnte sich sein' Teil aussuchen.

Gleich am ersten Tag des Aufstandes verhängte der A+S-Rat ein Ansammlungsverbot, das natürlich nur für die andere Meinung gelten sollte; merke – Parteileute haben das nicht gerne, wenn einer 'ne andere Meinung hat. Und damit man bloß nicht in der Dunkelheit noch 'was passierte, verordneten sie gleichzeitig eine Ausgehsperre für abends ab sechs. Bewaffnete Arbeiter- und Soldatenpatrouillen paßten auf, daß die Verordnungen eingehalten wurden. Wichtige Leute waren das, teilweise sogar von eigenen Gnaden. Ab und zu schossen sie 'mal in die Luft, und denn kam gleich von anderen Stellen in der Stadt dieselbe Antwort. Vielleicht wollten die Genossen sich damit gegenseitig Mut machen, vielleicht wollten sie damit aber auch nur die bösen Elemente einschüchtern, die – wo möglich – hinter jeder Hausecke lauern konnten.
Wie lächerlich das alles war, ist an einem Zwischenfall abzulesen, der sich

spät abends gerade an dem Freitag ereignete, als Schmiedemeister Möller festgenommen wurde:

Eine Drei-Mann-Patrouille ging durch den Stegen. Plötzlich – klick – fiel vor ihnen irgend 'was auf die Steine. Die Kameraden stutzten, nichts rührte sich, sie gingen weiter. Wieder – klick. Diesmal blieben sie stehen, ein Gewehr wurde durchgeladen, sie guckten sich um – nichts, sie guckten nach oben – nichts. Sie gingen weiter, 'n bißchen was schneller als vorher. Da nochmal – klick. Diesmal blieben sie nicht erst stehen. An die Häuser geduckt und wild schießend rannten die mutigen Nachtwächter weg. – Im Stegengraben standen indes ein paar übermütige Halbstarke, Willi Mumm und Konsorten. Die wollten sich aussschütten vor lachen, aber das hörte die Patrouille schon nicht mehr.

Vielleicht hat dieser Zwischenfall, vielleicht die wilde Schießerei überhaupt, vielleicht die allgemeine Ruhe der Zivilbevölkerung, vielleicht aber auch hat die Abdankung des Kaisers den nächsten Tag dazu beigetragen, daß der A+S-Rat nun folgende Verfügungen erließ (Auszug):

> Die Ruhe und Ordnung ist unbedingt auf der Straße zu wahren.
> Jedes zwecklose Schießen hat zu unterbleiben.
> Der große Soldatenrat fordert, daß jedes unbefugte Waffentragen unterbleibt. Die Munition ist von den Delegierten zu bewahren.
> Zivilisten haben sofort alle Waffen bei der nächsten militärischen Dienststelle abzugeben.
> Patrouillen sollen nur auf Anordnung des Soldatenrates gehen.
> Die Aufforderung an die Zivilbevölkerung, sich nach sechs Uhr von der Straße fernzuhalten, wird aufgehoben.

Das war schon richtig so. Die Bürger verhielten sich natürlich nur so lange ruhig, als sie nicht gereizt wurden. Mit der Abschaffung der Posten und Patrouillen hörte die Schießerei in der Stadt ganz von selber auf. Und die Leute hatten nun nicht mehr das Gefühl, als stünden sie unter Bewachung.

Sonnabend, dem 9. November 1918, wurde der unentschlossene Kaiser in Berlin abgedankt. Er war selber gar nicht da und ist auch nie wieder nach Berlin zurückgekommen. Die Republik wurde ausgerufen, und nun hätte eigentlich der große Jubel ausbrechen müssen, aber die Stimmung war gedrückt. Die Abdankung, die den Revolutionären erst gar nicht schnell genug kommen wollte, sie erschien nun unbefriedigend, hinterließ sozusagen einen komischen Geschmack. Und neben der allgemeinen Unsicherheit, die ja von der bleibenden Not des Alltags auch nicht gerade gebessert wurde, standen erste Meldungen von Plünderungen und Terror, von Bruderkrieg und Brudermord, besonders in den Großstädten des Reiches.

Rendsburg erlebte an diesem Tag seinen letzten „Höhepunkt" der Revolution. Die Zeitung erzählte den Hergang so harmlos wie dem Arbeiter- und Soldatenrat das in den Kram paßte. Opa Quedenbaum war Augenzeuge, von ihm stammt dieser Bericht:

Ich war damals zu Barlach am Gerhardsteich gegangen um einzukaufen. Auf dem Rückweg wurde ich an der Schleswiger Straße aufgehalten. Bewaffnete rote Posten versperrten den Weg. Sie standen auf beiden Seiten der Schleuse des Untereiderhafens und auf der Bleiche hinter den Büschen. Vor der Schleuse lagen in Marschkolonne hintereinander mehrere kleine Marinefahrzeuge (Kanonenboote). Sie führten die Kriegsflagge. Plötzlich fielen auf der Stadtseite, auf der Bleiche, schnell hintereinander mehrere Schüsse. Daraufhin wurden die Kanonen der Boote besetzt und auf die Stadt gerichtet. Drüben liefen die Posten weg.

Erst später habe ich gehört, daß der Soldatenrat die Boote nur unter der Bedingung passieren lassen wollte, daß sie
  1. die Kriegsflagge strichen,
  2. die rote Fahne setzten und
  3. die allgemeinen Forderungen des Soldatenrates anerkennen würden.

Das soll der Geschwader-Kommandant aber schon in Tönning bei der Einfahrt in die Eider-Passage abgelehnt haben. Nun wurden auf den Fahrzeugen aber doch die Fahnen ausgetauscht. Und während die Boote passieren durften, gingen Offiziere mit Gepäck an Land.

Ich selbst habe mich damals sehr aufgeregt über den Vorgang und meinem Herzen mit lauten Worten Luft gemacht. Daraufhin wurde ich von Soldaten mit roten Armbinden arretiert und durch die Stadt zur Hautptwache gebracht. Das Aufsehen war mir natürlich sehr peinlich.
In der Hauptwache mußte ich bald vier Stunden warten, bis man mich einem Chargierten vorführte. Dieser hat mich nach kurzem Verhör entlassen, in dem er meinte: „Vielleicht haben Sie recht, vielleicht die anderen, es ist ja noch nichts entschieden. Sie können nach Hause gehen".

Die Sache an der Schleuse war wohl nur ein Sturm im Wasserglas. Ist kaum anzunehmen, daß die Marinesoldaten tatsächlich auf die Stadt geschossen hätten. Aber die Einwohner regten sich natürlich auf über den Zwischenfall, und eben das wollte der Arbeiter- und Soldatenrat ja eigentlich vermeiden.

Für so große Jungs, wie Willi Mumm und seine Freunde, war die Angelegenheit eher ein großer Spaß. An der Sache mit den Kanonen konnten sie ihre Phantasie spielen lassen. Erst viel zu spät für diesen Tag hörten sie, daß die Marinefahrzeuge am Kreishafen festgemacht hätten. Aber gleich morgen früh wollten sie da 'mal hingehen, morgen war ja Sonntag.

Sie kamen zu spät. Die Boote, nun wieder unter Kriegsflagge und mit Offizieren an Bord, sie legten gerade eins nach dem anderen ab. Sie fuhren in Richtung Brunsbüttelkoog. Auf den Decks waren Matrosen damit beschäftigt, wahre Unmengen Flugblätter und anderes Propagandamaterial über Bord zu spülen.

Wie gesagt, dieser Sonnabend war schon der letzte Höhepunkt, den die Revolution in Rendsburg erlebte. Streitereien über unterschiedliche politische Meinungen hat das natürlich immer gegeben, 'mal laut – 'mal leise, aber das Rathaus fällt ja nicht gleich zusammen, wenn *Koddel Weetsbescheed* und *Fiete Opdenkien* sich 'mal gegenseitig ihren *Standpunkt klar machen*. Das Rathaus blieb sogar heil, als die ganze Stadt – einmal in all 'den traurigen Wochen – lauthals lachte, aus billiger Schadenfreude und in großer Erleichterung. Das kam so:

Das ungefähr eintausendsechshundert Mann starke Freikorps Schleswig-Holstein, die Loewenfeld-Brigade, war teils in Kiel und teils in Eckernförde untergracht. Diese Brigade sollte sich später sehr viele Verdienste erwerben gegen die polnischen Interessen in Schlesien. Vorher allerdings wurde sie nach Berlin gerufen, wo sie mithelfen sollte, den roten Aufstand niederzuschlagen. Davon wieder hatten die *Genossen Revolutionäre* in Schleswig-Holstein Wind gekriegt und gleich beschlossen, die Abreise der Truppe zu verhindern oder sie mindestens aufzuhalten. „Rendsburg" übernahm dabei den Part in Eckernförde.

An die dreißig bis vierzig Mann fanden sich zusammen. Einer ihrer Anführer soll Luden Pr. gewesen sein, ein stadtbekannter Freund des Alkohols, mit 'm klein' Sprachfehler, aber sonst ganz der Typ *l-l-lat man, ick m-m-mak dat all-leen*. Auch die Arbeiterräte Regenfuß, Peters und Engelmann sollen dabei gewesen sein, aber das kann man sich eigentlich gar nicht so recht denken. Wie immer das nun gewesen ist, *Gewehr über* machten sie sich mit der Eisenbahn auf den Weg. Die Fahrt nach Eckernförde ging damals noch über Owschlag, mit einmal Umsteigen. Und natürlich fuhren sie ganz umsonst, wie sich das nun 'mal für *Freiheitskämpfer* gehört.

Müde von der alles andere als bequemen Reise kamen sie schließlich in Eckernförde an. Das Freikorps wußte aber anscheinend schon Bescheid. Es bereitete ihnen einen großen Empfang: Alle Mann aussteigen – Waffen abgeben – antreten – im Gleichschritt marsch – und schon waren die *Helden der Revolution* eingesperrt; bei dünnem Kaffee-Ersatz sozusagen, denn zu beißen gab das nichts.

Das Freikorps reiste ungehindert ab. Anderthalb Tage danach waren auch die Rendsburger wieder zu Hause, zwar unrasiert, ausgehungert und nicht mehr ganz so wild wie bei der Abreise, aber immerhin lebend und gesund.

Das sah nicht so aus, als ob der A+S-Rat vorher offiziell 'was von dieser unnötigen Eskapade gewußt hätte. In Rendsburg fing er schon ziemlich früh damit an, die Fehler der ersten Stunde wieder auszubügeln.

„Wer so 'n Posten kriegt, der sollte wenigstens 'was besseres als Stroh im Kopf haben",

so schimpften damals viele Bürger und Soldaten, und tatsächlich mußten die beiden Räte schon im Laufe der ersten Wochen ein paar von ihren Mitgliedern austauschen. Danach waren sie aber anscheinend immer noch nicht in der Lage, den Anforderungen so gerecht zu werden, wie man das eigentlich hätte erwarten dürfen. Den größten Ärger hatte der Soldatenrat, der sogar ein paar seiner Mitglieder buchstäblich rauswerfen mußte. „Unwürdiges Privatleben" hieß der Deckmantel für Diebstahl, Einbruchsdiebstahl und Plünderung.

Das (Heimat-) Militär schien überhaupt in disziplinloser Auflösung begriffen zu sein. Seit die Offiziere größtenteils abgesetzt und weggeschickt waren, seit der Soldatenrat an ihrer Stelle das – ja, was denn eigentlich übernommen hatte, seitdem war offenbar jeder Soldat auch sein eigener Kommandeur – und nicht nur das. Jeder nahm sich was er brauchen und kriegen konnte. Große und kleine Stücke an Militärsgut verschwanden in unglaublichen Mengen über dunkle Kanäle oder wurden einfach mitgenommen. Der Ober-Soldatenrat erließ Aufrufe, Befehle und Verbote. Das nützte alles nichts. Auf dem Bahnhof und wo immer man sonst noch von Rendsburg abreisen konnte, wurden jeden Tag Soldaten und entlassene Soldaten aufgegriffen, die Militärgut mit sich führten – natürlich ohne Erlaubnis. Sogar die Zivilbevölkerung wurde vor dem Besitz solcher Sachen gewarnt. Militärtuche durften nicht mehr eingefärbt werden. Die Färbereien wurden aufgefordert jeden anzuzeigen, der solche Tuche oder Uniformteile vorlegte. Das Ausmaß der Dieberei wird aber wohl erst darin deutlich, daß der Rat schließlich die

> standrechtliche Aburteilung zu hohen
> Strafen bei Einbruchdiebstahl und bei
> Besitz militärischer Gegenstände und
> Bekleidungsstücke

nicht nur verkündete, sondern in Einzelfällen auch durchführen ließ.

Obwohl der Soldatenrat von einigermaßen vernünftigen Leuten angeführt wurde, hatte er doch einen schweren Stand. Das ging hier wie in allen anderen Garnisonen, sie machten immer den zweiten Schritt zuerst. Sie schickten die Offiziere nach Hause und überlegten erst danach, was denn nun zu tun sei. Sie besetzten die Militärverwaltung, wußten aber keinen Umgang damit. Sie trafen Anordnungen und Verfügungen, kannten aber deren Wellenschlag nicht. Und obwohl sie doch eigentlich alles viel besser, viel klüger und viel sozialer angehen wollten, machten sie es im Grunde genau so wie ihre abgesetzten Vorgänger, bloß mit weniger Ordnung und noch weniger Disziplin.

Schon vierzehn Tage nach Ausbruch der Revolution richteten die Oberrevolutionäre in Berlin ein Demobilisierungsamt ein; das ist so 'ne Art Abrüstungsbehörde. Und nochmal vierzehn Tage danach machte auch der A+S-Rat in Rendsburg wieder einen zweiten Schritt zuerst:

Über die Lebensmittelknappheit an sich gab das in der Stadt ja noch zusätzliche Versorgungsschwierigkeiten. Die Transporte funktionierten nicht. Nun kamen in der Garnison zwar viele Pferde und Wagen zusammen, aber die Revolution brauchte Geld, viel Geld. Also verschachterten die Herren Räte lieber das Militärgut gegen Höchstgebot, statt zuerst die Versorgung der Menschen sicher zu stellen. Vielleicht waren sie aber auch nicht klug genug, denn das Verwirrspiel war perfekt. Während die Genossen Berlin zu erhöhten Spenden und Sammlungen von Lebensmitteln für „unsere hungernden Kameraden an der Front" aufriefen, forderten eben diese Kameraden „Transportmittel gleich welcher Art", damit sie „unsere großen Lebensmittelreserven" in die Heimat zurückschaffen könnten.

Die Pferde wurden im Hof der Artillerie-Kaserne versteigert, gleich hinter dem Arsenal, Wagen und Räder dagegen im Train-Depot an der Herrenstraße, die damals noch Herrenring hieß. Wie das Material 'reinkam, so wurde es wöchentlich in manchmal mehreren Versteigerungen abgegeben. Das Gedrängel dabei war so groß, daß sogar Berechtigungskarten für die Teilnahme ausgegeben werden mußten. Das zeigte aber man bloß, daß Rendsburg der richtige Versteigerungsort war, die Sache selbst

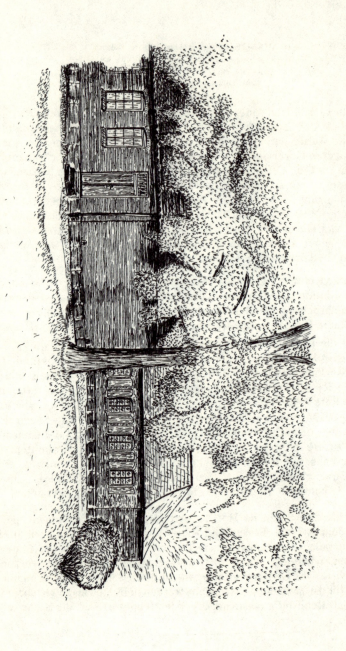

stimmte nicht so recht. Das läßt sich aus einem Marktbericht herauslesen, den das Tagesblatt brachte:

> Am Sonnabend waren wieder 87 Pferde zum Verkauf gestellt. Eine große Anzahl Käufer hatten sich, wie stets, eingefunden, ein Zeichen, daß die Pferdeknappheit noch nicht behoben ist und waren demzufolge die Preise sehr hoch. Es kosteten geringere Arbeitspferde 800—1200 M., mittere Arbeitspferde 1300—2000 M., und gute Pferde schweren Schlages über 2000—1500 M....

Die Bauern klagten darüber, daß sie bei den hohen Preisen keine Chance hätten, nun auch endlich wieder an Pferde zu kommen:
„Bei Kriegsanfang mußten wir unsere Pferde bringen und kriegten von der Musterungskommission man bloß ' n paar Pfennige dafür. Damals hat uns der Kaiser beschissen, jetzt bescheißen uns die Roten."
Die Quittungen von damals, die sie doch eigentlich für eine *angemessene Ersatzregelung nach dem Krieg* aufbewahren sollten, die waren nun nichts mehr wert – im Namen der Freiheit. Dabei war die Sache doppelt ärgerlich, weil auch hier wieder 'mal die Etappe das Rennen machte. Die Frontsoldaten lagen ja teilweise immer noch *mit der Nase im Dreck*. Sie waren nicht da und konnten also auch nicht an den Versteigerungen teilnehmen, konnten sich erst später wieder um ihre zivile Existenz kümmern. Aber dafür blieb ihnen denn ja die Ehre – und das Elend.
Nur langsam kamen die Frontkämpfer wieder nach Hause. Sie konnten sich an den Kriegsfronten ja nicht einfach umdrehen und so tun, als ob nichts gewesen wäre. Die militärische Führung, die an der Front das Sagen hatte und da auch von den Roten noch akzeptiert wurde, sie bestand auf einem *nach den gegebenen Umständen geordneten Rückzug*. Die „gegebenen Umstände" waren einheimische Bewohner der besetzten Feindgebiete. Die Menschen suchten nach Gerät und Material, um nach dem Abzug der Deutschen ohne großen Mangel weiterleben zu können; fanatische Patrioten allerdings setzten den Krieg fort, auch noch gegen die abziehenden Truppen –.
Zuerst kamen die 85-er Infanteristen in die Rendsburger Garnison zurück. Im letzten Kriegsjahr hatten sie an der Westfront gekämpft. Schon Ende November erwartet, kamen sie aber erst zu Weihnachten 1918 hier an.

> **Mitbürger**
> In diesen Tagen kehren unsere heldenmütigen Kämpfer von der Front in die Heimat zurück. Jahrelang haben sie in den schwersten Kämpfen unter denkbar schwierigsten Verhältnissen, in Entbehrungen und Not, den Tod vor Augen, ihre Schuldigkeit getan.
> Euch vor dem Schrecken des Krieges bewahrt! Laßt uns ihre Ankunft ein wenig freudvoll gestalten! Schmückt und flaggt Eure Häuser zum Zeichen der Dankbarkeit!

O – ja, das gab einen großen Empfang, mit Fahnen 'raus, mit Pauken und Trompeten und den unablässigen Reden der *Genossen und Kameraden* des Arbeiter- und Soldatenrates. Das Schauspiel wiederholte sich ein paar Tage später, als die 45-er Artilleristen ankamen und die Pioniere, und nochmal am 13. Januar 1919, als endlich die 410-er Infanteristen als letzte Rendsburger Einheit wieder nach Hause kamen. War das jedesmal eine Freude. Sogar der Genosse Hauptredner war von der Begeisterung so beseelt, daß er den Heimgekehrten zurief:

> *Jetzt ans Werk und frisch angefaßt!*
> *Der Aar lernt wieder fliegen!*

Kein Deutschnationaler hätte das besser sagen können.

Abtretende Soldaten, das waren die Heimkehrer, solche also – denen man anerkennend auf die Schulter klopfte, solche – die man mit zynischem Trost in die sonst trostlose Zukunft entließ:

„Nimm das man nicht so schwer, Du bist ja wenigstens noch wiedergekommen."

Als Dank für ihren sinnlos gemachten, jahrelangen Einsatz an der Front kriegten sie jeder einen Zivilanzug, so weit der Vorrat reichte, oder durften ihre inzwischen verschlissenen Uniformen behalten. Fünfzig Mark Entlassungsgeld gab das und – natürlich nur bei Bedarf – bis zu fünfzig Mark Marschgeld für die Reise nach Hause.

BIN WIEDER DA

Über die Umstände des ausgehenden Krieges und der Revolution hinweg stellte sich der Selbsterhaltungstrieb schnell wieder ein, wenn auch über zwei ganz verschiedene Wege. Da war auf der einen Seite die Masse der Heimgekehrten, die nicht oder noch nicht an die alten Arbeitsplätze zurückgehen konnte; dafür gab das verschiedene Gründe, auf die wir noch zu sprechen kommen. Auf der anderen Seite stand die verhältnismäßig kleine Zahl der Soldaten, die zu Hause eine eigene, zivile Existenz besaß; einen Hof vielleicht, eine Werkstatt oder einen Laden. Die suchten natürlich gleich einen neuen Anfang, so gut oder so bescheiden das eben ging. Darin lag ja wohl der beste Trost, denn neuer Anfang hat bekanntlich auch neuen Mut. Und diese Selbständigen konnten eher als andere was tun, das Leben wieder ingange zu bringen.

Damenfriseur Cornils zum Beispiel gehörte ein Laden in der Schleifmühlenstraße unterhalb Schauburg. Er war einer der ersten, die sich in Zeitungsanzeigen *vom Militär zurück* meldeten. Er machte sich das zur Aufgabe, dem sozusagen wiedererwachenden Leben in der Stadt erste Dauerwellen zu geben und

> Zöpfe in allen Farben,
> Zöpfe in allen Preislagen.

Das Geschäft lief schon wieder so gut, daß er bald in der NeueStraße eine Filiale aufmachen und im Hauptgeschäft zusätzlich einen „Kopfwaschsalon" einrichten konnte.

Kleider machen Leute. Neue Tuche und Stoffe konnten die Schneider nicht gleich anbieten, aber „ändern" und „wenden" war ja auch ein Anfang. Und das war doch auch ein gutes Zeichen, daß die Konfektionäre nun wieder arbeiteten, daß die Händler zum Beispiel Damenmäntel anbieten konnten in *streng moderner Ausführung*, für nur 135 Mark und ohne Bezugschein. Ja — sie meldeten sich wieder, die Geschwister Nathan in der Rosenstraße und das Kaufhaus Grimme im Stegen, Christian (später Jochen) Mohr am Schiffbrückenplatz und Brügmann & Rathge mit einem Überlandgeschäft am Jungfernstieg, kurz danach mit einem schönen Laden an der Ecke HoheStraße/KurzeStraße, — und wie sie sonst alle hießen. Sie meldeten sich, auch wenn die Qualität der Kleider, Mäntel und Anzüge zuerst noch nicht so gut war, wie

man das gerne gehabt hätte.

Schuhmacher Kölzow, Ecke Schleifmühlenstraße/Wallstraße, konnte schon 'mal wieder ein paar ganze Häute kaufen, glattes, weiches Leder, bestens geeignet für feine Damenstiefel oder elegante Herrenhalbschuhe. Und was ein Glück, daß Johann Kruse, der Flickschuster in der NeueStraße, Höhe Gerbergang, seinen Laden wieder aufmachte. Seine Kundschaft waren die kinderreichen Familien der näheren und weiteren Umgebung. Er bediente sie alle mit erstklassiger Arbeit und — niedrigen Preisen. Sogar in der schlechtesten Zeit hat Kruse für arme Leute einen schier endlos langen Bleistift gehabt und war trotzdem immer fidel.

Anderer Heimkehrer, andere Gewerbe.

In Neuwerk versuchte Johannes Börm einen Versandhandel in Tabakwaren. Den Tabak soll er selbst angebaut haben; großen Erfolg hat er damit aber anscheinend nicht gehabt. Zäh und fleißig dagegen setzt sich Albert Holasch durch, ein Bürstenbinder in der Eisenbahnstraße. Holasch hatte ein Wandergewerbe. Jeden Tag zog er los, die Kiepe mit Besen und Reisigbesen hoch beladen, Bürsten und Pinsel an einem Gürtel um den Leib gehängt. Alle Welt kannte Holasch und er kannte alle Welt. Das war die Grundlage für sein Geschäft. Als er nachher nicht mehr wanderte, betrieb er in der Nienstadtstraße einen eigenen Laden.

Junge Leute drängelten nach vorne. Die Brüder Paternoster und Geschwister Sörensen bewarben sich gerade in dieser knappen Zeit um Zulasssungen für den „Kleinhandel mit Fleischwaren". Ihre Läden waren oder sind zum Teil heute noch zu finden in der HoheStraße, Löwenstraße, Obereiderstraße, Prinzessinnnenstraße usw. Dabei muß man auch an Jessens Tonnenschlachterei in der Nienstadtstraße erinnern, und an Schlachter Mühlenhardt in der Obereiderstraße. Mühlenhardt hatte in seinem Schlachthaus einen großen Tisch stehen, auf dem vor dem Krieg immer billige Wurst und Wurstenden aufgestapelt waren. Die verkaufte er zu einem Mischpreis von zehn Pfennig für das halbe Pfund an Soldaten, die ihre Kaltverpflegung selber halten mußten. Die Leute behaupteten damals, allein dadurch sei er ein reicher Mann geworden. Wenn das tatsächlich so gewesen sein sollte, denn muß sein Geschäft nach dem Krieg aber ganz schön gelitten haben. Ähnlich ging das ja auch den Pferdeschlachtern, zum Beispiel Johannsen in der Kanzleistraße, Mahrt in der Mühlenstraße und Ebsen in der NeueStraße. Erst konnten sie gar nicht so viel Fleisch 'ranholen wie sie hätten verkaufen können, und nachher — in besseren Zeiten — wollte keiner mehr 'was davon haben.

Mehr oder weniger erfolgreich versuchten natürlich auch Händler und Handwerker in anderen Branchen einen neuen Anfang selbst dann, wenn ihre Läden über den Krieg hinweg weitergearbeitet hatten. Sie zeigten durch forschere Gangart oder neue Angebote, daß sie weitermachen wollten.

Überhaupt wurden bei lütten wieder neue Waren angeboten. Im Stegen führte Ernst Rhode das Wendelbornsche Spielwarengeschäft weiter. Kinder drückten da ihre Nasen gegen die Scheiben, auch wenn das Spielwarenangebot man klein war und sich statt dessen Lederwaren, Messer, Scheren und Metallspiegel breit machten. Auch Dittmer in der Mühlenstraße hatte wieder erstklassige Schneidewaren und Werkzeuge am Lager, das blanke Gerät spiegelte sich in den Schaufenstern. Mit seinen neuen „einbruchsicheren" Türschlössern kam er dem augenblicklich dringenden Bedarf ebenso entgegen wie Ferdinand Wendt, der einen „völlig neuartigen" Gas-Sparkocher präserte. H.S. Friis in der westlichen Schleuskuhle, heute Holsteinerstraße, konnte wieder Fahrräder und Motorfahrzeuge anbieten. Bei seinem Nachbarn Höhling waren neue Möbel zu kriegen. Paul König in der Wallstraße, gleich an der Ecke zum Schiffbrückenplatz, hielt ein „reichhaltiges Plattenlager für Sprechmaschinen" (Grammophon) bereit. Und Timm Heinrich Sievers, damals noch im Westerrönfeld-Steinsiel, offerierte seinen neuen An- und Verkauf in Personen- und Lastkraftwagen. Später zeigte er sich mit Stolz als Vertreter für die Automobilfabrik STOEWER in Stettin.

Manche schon lange vermißte Waren kamen so plötzlich wieder in die Schaufenster, daß auch die Rendsburger Kaufleute sich gegen den Vorwurf wehren mußten, sie hätten die Waren längst am Lager gehabt und man bloß zurückgehalten, um sie nun zu höheren Preisen verkaufen zu können. Allen Ernstes konnte man solche Vorwürfe natürlich nicht machen, aber wer konnte schon die Umstände der Zeit übersehen, geschweige denn verstehen. Da nutzten auch die Aufklärungsversuche des Vereins für Handel, Handwerk und Industrie ziemlich wenig. Seine Anstrengungen waren zu sparsam und wohl auch zu nüchtern um gehört und verstanden zu werden. Trotzdem hätte alles gut sein können, wenn da nicht noch ein anderes Bild gewesen wäre.

„Jetzt ans Werk und frisch angefaßt", so tönte der Genosse Hauptredner des Arbeiter- und Soldatenrates, aber die Soldaten wurden in eine ungeordnete Welt entlassen. Nur wenige konnten gleich den Faden wieder aufgreifen, den sie vor dem Krieg in der Hand hielten. Ihre alten Anstellungen waren noch nicht zu haben oder schon besetzt. Die Unternehmen mußten erst wieder Aufträge und das nötige Geld besorgen, bevor sie weiterarbeiten konnten und denn auch wieder Mitarbeiter nötig hatten. Das war eine schwere Aufgabe, die viel Zeit und noch mehr Geduld brauchte. Und denn hatten die Genossen in Berlin ja auch noch den Achtstundentag gesetzlich verordnet. Die verteilten den Kuchen noch bevor sie wußten, wovon man ihn backen könnte. —

Am besten standen sich jetzt solche Betriebe, die mit Staatsaufträgen versorgt waren. In Rendsburg waren das die Werften, aber die hatten ja ihr Personal. Wohl suchte NOBIS „laufend Schiffbauer und Eisenkonstruktionsarbeiter", aber dabei handelte sich das bloß um einen Austausch, gute gegen nicht ganz so gute Arbeiter, was ja irgendwie auch verständlich war. Die große Arbeitslosenzahl wurde dadurch nicht kleiner, sie wurde aus anderen Gründen sogar immer größer. Damit wuchs die Unzufriedenheit, was die Leute zusätzlich offen machte für zweifelhafte politische Parolen. Zwar rief der A+S-Rat die Arbeitgeber auf, sie möchten doch alle offenen Stellen melden um damit 'was für die Arbeitslosen zu tun, aber das Ergebnis war man mager, der Aufruf an sich bloß 'ne billige Augenwischerei. Statt aufzurufen hätte der Rat vielleicht besser verhandeln, besser mit den Arbeitgebern 'was schnacken sollen. Die kamen ja meistenteils selbst gerade erst aus dem Krieg zurück. Und wie so viele ihrer früheren Mitarbeiter, so waren auch sie verärgert über das als unnötig empfundene Theater der Revolution. Im Augenblick brauchten sie nicht Arbeitskräfte sondern Geld und Aufträge.

Der zivile Arbeiterrat blieb seinen Aufgaben treu. Mit Aufrufen und Schriften, mit Versammlungen und Demonstrationen suchte er Vertrauen und suchte er die Dinge endlich in den Griff zu kriegen — umsonst. So lange sich die Oberrevolutionäre untereinander nicht einig waren, so lange wußte auch keiner wohin die Revolution überhaupt trieb; ob sich am Ende wieder das alte kaiserdeutsche System, oder ob sich die linksradikale, die kommunistische Richtung oder die gemäßigte, die demokratische Richtung durchsetzen würde. Im Augenblick war mehr das große Durcheinander zu befürchten, das Chaos, das Faustrecht, ein Bürgerkrieg. Da bildeten sich berufsständische Interessengruppen, Maurer, Beamte, Kaufleute, Bäcker und was man sich so denken kann. Die tagten für sich oder saßen geschlossen in den Versammlungen der Revolutionäre, wo sie denn *opstanad* wurden. Neue politische Vereinigungen und

Interessengruppen entstanden und bald gab das keinen Tag mehr, an dem nicht irgendeine Versammlung stattfand, an dem nicht wenigstens ein Aufruf 'rausposaunt oder eine Entschließung an diese oder jene öffentliche Adresse gerichtet wurde.

Neben anderen Lokalitäten, wie zum Beispiel der APOLLO SAAL oder die SCHWEIZER HALLE, gewann REIMERS GESELLSCHAFTSHAUS in der Nienstadtstraße (gegenüber TonhallenCafé) einige Bedeutung als Versammlungslokal. Der Wirt war ein stadtbekannter Jägersmann. Der besaß damals eine große, schwarz-weiß-gefleckte Dogge und in seinem gutbürgerlichen Lokal das auch von feineren Leuten viel besucht wurde, hingen die

Wände voller Geweihe, Jagdszenen und anderer waidmännischer Gegenstände. In dieser gepflegten „Dorfkrug-Atmosphäre" wuchsen Meinung und Gegenmeinung besser zusammen als vergleichsweise in der weiträumigen nüchternen Festlichkeit der Stadthalle, — auch wenn das Ergebnis nicht immer gut war. Ich denke da an die Versammlung „stellungsloser Angestellter". Einstimmig verlangten sie von Firmen und Behörden die *sofortige Entlassung* der im Kriege ersatzweise eingestellten Mitarbeiter. Angestellte gehörten zu der Zeit doch zu den halbwegs gebildeten Kreisen der Stadt. Wie konnten denn sie zu so einer einseitigen, geradezu engstirnigen Forderung kommen?

Gewiß doch, bei der wachsenden Arbeitslosigkeit beklagten sich die entlassenen Soldaten mit Recht, daß sie erst an der Front und nun auch zu Hause wieder die Last tragen und die Dummen sein sollten. Aber sie standen ja nicht alleine auf der Straße. Da gab das auch noch andere Arbeitslose und dazu die Menge Schulentlassene, die keine Lehrstellen, noch nicht 'mal Arbeitsstellen fand. Und abgesehen davon, — die Beschäftigten, die also tatsächlich eine Anstellung hatten, die waren auch nicht gerade glücklich. Von dem Wertverlust des Geldes angetrieben, drehte sich schon gegen Ende 1918 das, wozu wir heute „Lohn-Preis-Spirale" sagen. Ein Ausschnitt aus der Antwort auf einen Zeitungsleserbrief kann die Veränderungen und die Streitpunkte deutlich machen:

... Der Einsender beschäftigt sich ferner mit einem Vergleich der Preissteigerungen mit den Lohn- und Gehaltssteigerungen. Er stellt fest, daß die Löhne um das Doppelte, die Preise für Lebensmittel und Kleidungsstücke aber um das 10-fache gestiegen seien. Ganz zutreffend sind diese Angaben wohl nicht. Die Löhne sind um das Vierfache gestiegen (vor dem Kriege 52 Pfg., gegenwärtig 2,10 M). Die Preise für die wichtigsten Nahrungsmittel sind dagegen kaum auf das Dreifache gestiegen. So zahlte man z. B. für ein Pfund Fleisch vor dem Kriege etwa 1 M, gegenwärtig aber 2-3 M, hinterherum allerdings vielleicht 5 M, wobei aber nicht vergessen werden darf, daß nicht der Kaufmann, der Handwerker oder der Industrielle diese Forderungen stellt. Brot hat sich im Preise etwa verdoppelt, Kartoffeln ebenfalls. Was die Kleidungsstücke anbetrifft, so ist die Steigerung allerdings eine etwas größere. Das sind aber nur die Folgen der Höchstpreisfestsetzungen und sonstiger zwingender Maßnahmen und nicht die Ergebnisse eines unter dem System des freien Handels wirkenden Wettbewerbs...

Hier und da wurde natürlich auch unnötig Staub aufgewirbelt. Einzelne Berufsgruppen, Belegschaften oder andere Vereinigungen nutzten diese

Zeit der wirtschaftlichen Not, um ihre Betriebe oder die Öffentlichkeit um kleine Vorteile zu erpresssen. In manchen Betrieben wurde gestreikt, 'mal wild, 'mal kurz, 'mal lange. Man kann nicht sagen, daß die Wortführer dabei besonders klug gewesen wären, nicht in der Sache und noch weniger in ihrem Verhalten.

In Rendsburg streikten beispielsweise am 8. Januar 1919 die Beschäftigten der Kreisbahn. Sie wollten ihre Gleichstellung mit den Beschäftigten der Staatseisenbahn erzwingen; als ob das nicht Zeit gehabt hätte bis die allgemeine Not überstanden sein würde. Zum Glück versammelte sich den gleichen Tag der Kreistag in der Stadt, der denn auch die Anträge der Kleinbahner mit den üblichen Vorbehalten entgegen nahm; das hätte er allerdings auch ohne den Streik getan. Natürlich konnte nicht sofort über die Anträge entschieden werden. Mittags fuhr die Bahn wieder; Ergebnis: Den Schaden zusätzlich in ihrer Not hatten die Fahrgäste, die an diesem Tag nicht mit der Bahn fahren konnten, Arbeits- und Lohn-

ausfälle, geschäftliche Verluste. Vorteile hatte keiner davon, nicht 'mal die streikfreudigen Kleinbahner.

Verständlicher waren andere Unternehmungen, wie etwa die Selbsthilfen der *Rendsburger Liedertafel*, oder des *Rendsburger Arbeitervereins von 1848,* dessen Vereinshaus heute noch in der Kanzleistraße zu finden ist. Die Namen dieser Vereine sind 'was mißverständlich. So war die Liedertafel eigentlich der Verein der Arbeiter. Im Arbeiterverein dagegen trafen sich die Handwerksmeister und andere *honorige Leute.* Neben den kirchlichen und anderen öffentlichen Hilfen auf sich gestellt, haben diese Vereine manche direkte Not beseitigen helfen, haben tatsächlich „Nächstenliebe" geübt und Selbsthilfen angeregt. Und da wird sich gewiß auch noch mancher an die Weihnachtsfeiern erinnern, die der Arbeiterverein veranstaltete; wo strahlende Kinder in hell strahlenden Räumen von strahlend jovialen Onkels und Tanten so reich beschenkt und bewirtet wurden, wie die Zeit das gerade erlaubte.

Die allgemeine Not aus Arbeitslosigkeit, aus Mangel und Hunger, brachte zwangsläufig auch andere Zeiterscheinungen mit sich. Die Kriminalität nahm zu, wobei man sich allerdings auch fragen muß, ob denn *der* Übeltäter schon als kriminell angesehen werden muß, der man bloß seine Familie nicht hungern, nicht frieren und nicht im Dustern sitzen lassen will.

Schon im November 1918, also nochvor dem strengen Winter, da war der Feuerungsmangel in Rendsburg so groß, daß die Leute nur stundenweise heizen konnten — wenn überhaupt.

Und der Herd wurde ja nicht angemacht, bloß um die Küche warm zu kriegen. Koks und Briketts gab das nicht und Torf nur auf Bezugsschein. Das Gas war jeden Tag von acht bis elf, nachmittags von halb drei bis fünf und von abends halb neun bis den andern Morgen um fünf gesperrt. Dazu hatten sich die Verantwortlichen noch nicht 'mal viel Gedanken gemacht. Jeder durfte nur einen bestimmten Teil von der Menge Gas verbrauchen, die er im „Sparjahr 1916" nötig gehabt

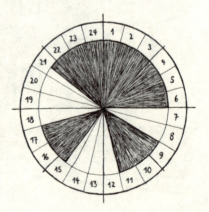

hatte. Das gab natürlich böses Blut, denn abgesehen davon, daß sich von da an der Bedarf in manchen Haushalten gründlich geändert hatte, wurde auch hier wieder 'mal der Unterschied zwischen arm und reich sehr deutlich.

Im Tageblatt machte einer den Vorschlag, man solle doch *etwa 50 Kubikmeter für jeden Haushalt frei geben und das Kochen (mit Gas) gänzlich verbieten.* Bedenkt man nun die damals viel schlechteren Heizwerte aus dem Kokereigas und die ganz anderen Verbrauchsgewohnheiten gegenüber heute (Licht, kochen, Heißwasser bereiten, heizen) dann hätten die fünfzig Kubikmeter man gerade für fünf Tage Normalverbrauch ausreichen können. Welche Genügsamkeit in diesem Vorschlag, und welche Unbescheidenheit in einem anderen „Eingesandt", in dem einer fragte

> ...Warum werden die Gassperrstunden noch nicht aufgehoben? — wo doch zum Beispiel öffentliche Tanzlokale sogar in der Woche nachts voll beleuchten...

Konnte man den Leuten das verdenken, wenn sie unter solchen Umständen auf dem Güterbahnhof die Kohlenwaggons ausräumten, und daß kein Torfschuppen, kein Baum und kein Strauch mehr diebessicher war?

Bedenklich nahmen auch die Anzeigen zu, über angeblich verlorene oder sonst weggekommene Lebensmittelmarken. So eine zusätzliche Ersatzkarte, wie man sie in solchen Fällen bei der Stadt beantragen konnte, brachte zwar nicht viel, war aber doch eine kleine Hilfe; nicht zu vergesssen, auch in Rendsburg sind zu der Zeit allerhand Menschen an Unterernährung gestorben. Also nahmen auch die Lebensmitteldiebstähle zu, wobei mancher dieser Vorfälle sogar mit einem Schuß Heiterkeit verbunden war. Freud und Leid liegen in solchen Zeiten ja immer dicht beieinander. Aus naheliegenden Gründen will ich an dieser Stelle nur zwei solcher Beispiele erzählen, die damals bekannt geworden sind:

Da kriegte die Kripo eines Tages von der Stadthalle eine Anzeige: In der Nacht sei da einer eingebrochen und habe drei Eimer Sirup mitgenommen. Wie gewöhnlich, so meinte die Polizei auch diesmal, die Sache sei ziemlich aussichtslos, den Täter könne man so leicht nicht feststellen, und wenn schon — der Sirup wäre wohl nicht wiederzufinden.

Nun ging den gleichen Vormittag einer der Beamten durch die NeueStraße. Irgendwo auf dem Ende zum Schiffbrückenplatz hin gewahrte er mitten auf der Straße einen großen Klecks. Die Masse schien klebrig aber nicht fettig. Also ging er in das nächste Haus um zu bitten, die Leute möchten das Zeug mit 'm Eimer Wasser wegspülen. Da war ja nichts dabei. Man bloß — die Leute benahmen sich so komisch, sie waren fürchterlich verlegen und dabei richtig übertrieben freundlich. Der Kripobeamte wurde aufmerksam und denn dauerte das auch nicht mehr lange, bis er die Sache 'raus hatte. Er war ausgerechnet bei der Familie gelandet, von der ein Angehöriger mit einem Kollegen zusammen den Sirup geklaut hatte. Man gerade vor der Haustür war ihnen einer von den großen Pappeimern geplatzt. In der Nacht wollten sie kein Aufsehen machen und so lag der ausgelaufene Sirup auch den andern Tag noch auf der Straße. Das war ein Glück für die Polizei, die in der nächsten Geschichte nicht so viel Erfolg hatte.

In dem Falle ging das um den Bäckerladen von Vollstedt in der Schleifmühlenstraße. Einer der Nachbarn, das soll Carl Clausen gewesen sein, der Nachfolger in Felgentreu's Obst- und Gemüsehandlung, der guckte spät abends noch 'mal vor die Tür und gewahrte, daß bei Vollstedt die Ladentür 'n Spalt offen stand. Er guckte 'was näher hin, ohne Frage — da war einer im Laden; im Dustern, um diese Zeit, das konnte bloß ein Einbrecher sein. Nun kam zufälligerweise gerade ein Trainsoldat vorbei, ein Wachtmeiser. Die beiden verständigten sich. Der Soldat stellte sich als Wache vor die Ladentür, während der Nachbar Licht und Hilfe holen wollte. Aber kaum war Nachbar Clausen weg, da wurde — ganz sutje — die Ladentür von drinnen aufgezogen. Der Wachtmeister spürte plötzlich eine Stiefelspitze auf seinem Achtersten, er fühlte sich auf die andere Straßenseite versetzt — bis vor Hagge's Gast- und Speisewirtschaft ZUR MÜHLE, an der Ecke Stegengraben, und denn hörte er man bloß noch einen weglaufen, irgendwo — in der Nienstadtstraße oder in der Wallstraße oder AmGymnasium. So genau konnte er das nachher nicht mehr sagen.

Reingekommen war der Einbrecher mit einem Nachschlüssel, der steckte in der Tür. In dem Laden fehlte nichts, aber Frau Vollstedt konnte angeben, in der vergangenen Zeit hätten schon 'mal öfter ein oder auch zwei Brote gefehlt. Den Täter hat man nie gefunden, aber die Polizei wird sich auch nicht allzuviel Mühe darum gemacht haben. Die Geschichte selbst hatte allerdings Folgen.

Erst 'mal ließ die Frau natürlich sofort eine Türglocke anmontieren, von drinnen, so daß das immer klingeln mußte, wenn sich die Ladentür auch nur einen Zentimeter bewegte. Jetzt brauchte Sie nicht 'mal tagsüber mehr abzuschließen, wenn sie zwischendurch 'mal in die Wohnung mußte. Das war eine feine Sache und die ging auch 'n paar Wochen gut.

Frau Vollstedt kriegte ihre Ware von Bäcker Bielfeldt, bei dem auch ihr Mann angestellt war. Bielfeldt machte sogar in der schlechten Zeit Feingebäck, Plätzchen und so 'was. Die damals mögliche Qualität kann man sich ja wohl vorstellen. Trotzdem wurden damit Kunden angelockt, gute und faule. Faule Kunden waren die großen Jungs, die wir ja schon in Zusammenhang mit dem Luftgewehr*) kennengelernt haben, also auch ihre eigenen Söhne, die in Sachen Kuchen natürlich viel zu kurz kamen. Die braven Söhne entdeckten, was Vater und Mutter im Eifer des Gefechts übersehen hatten: Über der Ladentür war so'n kleines Klappfenster. Wenn nun einer bei dem andern auf die Schultern kletterte, denn konnte er durch das offene Fenster langen und die Klingel festhalten. Ein anderer brauchte bloß noch die Tür aufzumachen und schon stand man vor der ganzen Kuchenherrlichkeit —. Eines Tages allerdings war eine ganze Platte leergemopst. Da ging den geplagten Eltern ein Licht auf. Vater Vollstedt mußte das Klappfenster zunageln und seine Frau schloß nun wieder die Tür ab, selbst wenn sie bloß 'mal eben Feudel und Leuwagen holen wollte. Die Jungs mußten ihr dafür ein schönes Schild malen:

Das hängte sie bei solchen Gelegenheiten einfach an die Ladentür. Ihre Kunden wußten denn Bescheid und warteten so lange.

---

*) vergl. Seite 30 ff.

Eine Zwischenbemerkung ist nötig:
   Erst um die Mitte 1919 konnte in Deutschland die Zuteilung der Lebensmittel aufgehoben werden (nach dem Zweiten Weltkrieg dauerte das sogar noch drei Jahre länger). Ab Januar 1919 durften wieder zivile Schiffe durch den Kaiser-Wilhelm-Kanal fahren; als erster passierte der schwedische Dampfer GUNBORG aus Stockholm in Richtung Nordsee. Der zivile Verkehr auf dem Kanal nahm zwar sehr schnell zu, aber er brachte vorläufig nur Kanalgebühren. Erst im April machten die ersten skandinavischen Fischdampfer in Hamburg fest, danach kamen die Holländer und vier Wochen später der erste Engländer mit Lebensmitteln. Die Sache hatte nur einen Haken: Die Einfuhren durften nicht in Gold und nicht Devisen bezahlt werden. Solche Schätze verlangte die Entente als Anzahlung auf die Entschädigungen für den Krieg. Nur *im Wege des Naturalaustausches* — so hieß das damals — dürfe Deutschland Lebensmittel oder andere Waren einführen. Dabei wußten natürlich alle Seiten, daß Deutschlands Rohstoffe und Industriegüter aufgebraucht waren und neue so schnell nicht geschaffen werden konnten, das brauchte eben alles seine Zeit. Überhaupt mußte ja erst 'mal der Anfang dazu gemacht werden und den konnte man bei den politischen Unruhen so schnell noch nicht finden. Aber das war den Alliierten und befreundeten Nationen ganz recht, denn so lange Deutschland mit sich selber beschäftigt war, so lange konnten sie nur gewinnen. In ihrer nationalen Verblendung*) erhoben sie Forderungen, die uns quasi zu Sklaven gemacht hätten. Alleine in Frankreich rechneten die Chauvinisten erst 'mal mit dreihundertvierzig Milliarden Gold-Mark (340.000.000.000,—) bei zwölf Prozent jährlicher Verzinsung, und denn hatten ja auch noch die Engländer, die Belgier, Polen usw. ihre Wünsche. Solch' überzogene Forderungen hätten wir in Jahrhunderten nicht bezahlen können. Rußland verzichtete zum Glück auf Reparationsforderungen, 1922 im Vertrag von Rapallo. Und Amerika hat die Reparationsforderungen der Alliierten für sich selbst nie anerkannt, hat viel später sogar die deutschen Interessen dagegen unterstützt, durch Präsident Hoover in Lausanne.
Gebietsfoderungen wurden gestellt:
Elsaß-Lothringen ging an Frankreich, das Saarland auf fünfzehn Jahre unter Verwaltung des Völkerbundes, Eupen-Malmedy an Belgien, Teile der Provinzen Posen und Westpeußen an Polen, Danzig und das Memel-

---

*) Nur keine Mißverständnisse: Wir waren zu keiner Zeit besser.

gebiet unter die Verwaltung der Westmächte, die Industriezentren Oberschlesiens an Polen und das anschließende Hultschiner Land an die Tschechoslowakei. Schleswig wollten die Dänen ganz haben, aber nur in Nordschleswig konnten sie sich bei der Volksabstimmung im Februar 1922 durchsetzen. Die Kolonien mußten abgetreten werden und den Österreichern wurde der begehrte Anschluß an Deutschland verboten (bei der Volksabstimmung 1921 sehr große Mehrheit für den Anschluß).

Leider nicht die Gebietsforderungen, wohl aber die wirtschaftlichen Forderungen der Siegermächte wurden nachher, in bitteren Auseinandersetzungen (z. B. Ruhrgebiet) und in über zehn bittere Jahre andauernden Verhandlungen, Stück für Stück zusammengestrichen. Erst die Konferenz von Lausanne jedoch ließ sie 1932 bei dem vergleichsweise lächerlichen Betrag von drei milliarden Mark stehen bleiben.

Ein Staat ohne Regierung ist wie ein Mensch ohne Kopf, ein Staat ohne Verfassung wie ein Leib ohne Seele.

Die Übergangsregierung in Berlin hatte — wie die Zeitungen meldeten — *über Nacht mit einem Federstrich* das Frauenwahlrecht eingeführt und gleichzeitig auf den 19. Januar 1919 erste demokratische Wahlen für die nationalversammlung ausgeschrieben. Aus dieser verfassunggebenden Versammlung sollte denn die erste ordentliche Regierung der neuen Republik gewählt werden.

So einfach, wie sich das liest, war die Durchführung der Wahl natürlich nicht, wobei an dieser Stelle vielleicht weniger das Wahl-System interessiert als die Frage, wie die wahlberechtigten Leute denn überhaupt festgestellt wurden. So ein perfektes System wie wir das heute haben, kannte man 1918 natürlich noch nicht. Eine Bekanntmachung des Magistrats dazu:

> Zum Zwecke der Ausstellung der Wählerlisten für die Wahlen zur Nationalversammlung werden den Hausbesitzern bezw. deren Vertretern in den nächsten Tagen Haushaltslisten zugehen, worin sämtliche im Hause anwesenden wahlberechtigten Personen aufzunehmen sind.
> Wir ersuchen, die Eintragungen sofort vorzunehmen, da die Listen am Tage nach der Aushändigung wieder abgeholt werden.
> Alles Nähere ist aus den Hauslisten zu ersehen.
> Rendsburg, den 12. Dezember 1918
> Der Magistrat

Das Erlebnis eines gerade entlassenen Frontsoldaten, der gerne wählen wollte, lassen die Mängel der Sache erkennen. Vor Eintragung in die Wählerliste sollte er seinen Wehrpaß vorlegen, aber

> *Woher in der kurzen Zeit von der Kompagnie einen solchen Ausweis herbekommen. Meine Kompagnie ist am 7. Januar bereits aufgelöst worden. Der A. und S. Rat sagte mir auch nichts genaues. Am Wahltage ging ich mit meinem Entlassungsschein zur Wahl. Zuerst sollte ich nicht zugelassen werden. Dann verlangten sie meinen Schein und wollten denselben behalten. Meinen Entlassungsschein konnte ich nicht abgeben, da ich denselben gebrauchen muß. Zum Polizeibüro geschickt zwecks Ausstellung eines Duplikatscheins wurde mir hier zur Antwort: „Die Stempel sind eingeschlossen". Auf dem Bezirkskommando sagte man mir: „Es wird heute nicht gearbeitet". An anderen Stellen ging es mir ähnlich so. Mit der Zeit verliert man den Mut zum Wählen. Wird es bei anderen Leuten auch so gemacht, dann fallen allerhand Stimmen aus.*
> *Sollte man in diesen Fällen nicht etwas einfacher arbeiten, damit Jedem das Wählen möglich gemacht wird? Hoffentlich ist*

bis zum 26. Januar die Sache etwas besser geregelt, damit ich dann wählen kann.

(Anmerkung dazu: Am 26. Januar 1919 fanden die Landes- und Gemeindewahlen statt.)

Wie überall, so warben nun auch in Rendsburg alte und neue Parteien um Mitglieder, Anhänger und Wähler; Sozialdemokraten (SPD), Unabhängige (USPD), Deutsche Demokraten (DDP), Fortschrittler (FVP), Deutschnationale (DNVP), Zentrum (CVP) und noch ein paar kleine, nicht ganz so wichtige Parteien. Ihre Programme konnten noch nicht 'mal ausgereift sein in den paar Wochen seit Beginn der Revolution, und die Kämpfe um die Posten waren auch noch nicht zu Ende. In immer neuen Versammlungen stellten sich immer neue Redner vor, und mit jeder Rede wuchsen bei den Wählern Unverständnis und Zweifel. Mit Worten wie Volksrepublik, Demokratie und Parlamentarismus wußten die Leute noch nicht viel anzufangen: War ja richtig so daß der Krieg zu Ende ging, aber warum denn sollten sie keinen Kaiser mehr haben und warum wollten die Parteien eine neue Ordnung, die alte war doch gut gewesen — wenn auch 'n bißchen was angekratzt.

Wie schon gesagt, das Volk war auf die Demokratie und ihre Ziele überhaupt nicht vorbereitet und wußte deshalb auch nichts damit anzufangen. Die Parteileute übrigens auch nicht. Sie konnten und wollten schon damals lieber die eigene Meinung hören als eine Gegenmeinung. Das zeigt dies Beispiel von einem Diskussionsabend der Fortschrittlichen in der Stadthalle. Der Berichterstatter schrieb:

> Als Herr Techniker Vogt jedoch seine Meinung vom konservativen Standpunkt vertrat, hörte man ihm erst eine Zeitlang ruhig zu. Dann aber wurde er durch den Unwillen der Versammelten gezwungen, seine Rede zu beenden...

Linke wie Rechte waren sich in der Beziehung gleich, geradeso wie heute. Wie wenig Verständnis die Leute füreinander und wie wenig Geduld sie miteinander hatten, das läßt sich auch an einem „Eingesandt" im Rendsburger Tageblatt ablesen. Der Schreiber regte sich auf über die Zwischenrufe in den Versammlungen,

> ...die oft von einer wahrhaft betrübenden Unfähigkeit des Denkens zeugen...

Da habe doch der Herr Seminardirektor Ringel einen wohl verständlichen Vortrag über die (damals schon umstrittene) „Einheits"-Schule gehalten. Nach dem Vortrag hätten sich zwei Frauen noch auf dem Korridor *wie wild gebärdet:*

> ...sie würden ihre Kinder nie und nimmer in eine Schule schicken, in der um diese Jahreszeit nicht „eingeheizt" sei...

Am Ende seines Briefes gab der Einsender denn auch noch den überheblichen Rat

> ...die übrigen Zuhörer sollten energischer für die Beobachtung des parlamentarischen Anstandes seitens aller Versammlungsteilnehmer eintreten und die verständnislosen Elemente zur Ruhe verweisen...

Apropos Schule: In einem anderen Leserbrief stellte damals einer die Frage

> Aus welchen Gründen müssen von jetzt an die Kinder ihre Rechenaufgaben auf Papier machen, wo doch das Papier außerordentlich knapp und teuer ist. Wozu ist die Tafel da?
>
> Einer für Viele

Zwei Tage danach mußten die Kinder zur Übung und als Mitteilung an ihre Eltern zehn Mal aufschreiben:

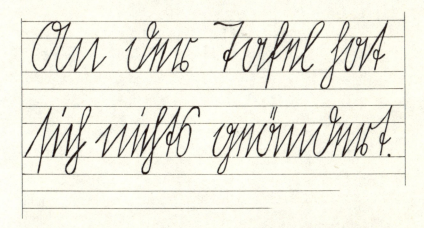

Nach knapp einem viertel Jahr stand der Arbeiter- und Soldatenrat vor dem Ende seiner umstrittenen Tätigkeit. Mit Beginn der parlamentarischen Demokratie in Deutschland verlor er seine Existenzberechtigung, die er ohnehin bloß durch Machtanmaßung erworben hatte. So wie er gekommen war, so verschwand er auch wieder in der Versenkung. Sein letztes Spektakel war ein Umzug mit anschließender Kundgebung auf dem Paradeplatz:

IN RUHE UND ORDNUNG FÜR DIE NATIONALVERSAMMLUNG

Uniformierte und Zivilisten nahmen Aufstellung bei den 85-ern. Von der Hüttenkapelle angeführt kamen die Büdelsdorfer dazu. Denn stellte sich die Regimentsmusik an die Spitze und los ging der Marsch durch die Stadt, mit Fahnen und Bändern. Mitläufer kamen dazu und ließen den Zug immer länger werden, *toletzt weer de Paradeplatz proppen vull.* Das war eine Feier mit fürchterlich vielen Reden (böse Menschen behaupteten nachher, das wären viele fürchterliche Reden gewesen). Da gab das viele Hochrufe auf die Revolution und man beglückwünschte sich zu der *erkämpften* Freiheit. Nach zwei Stunden schließlich wurden die Bürger mit viel Schulterklopfen sozusagen in die Demokratie entlassen. —

III. Teil
FRIEDENSZEITEN

LEBEN...

Wie so viele Leute in der Stadt, so kriegten auch Anna Mumm und ihr Sohn Willi nicht allzu viel mit von dem revolutionären Theater. Sie sahen und hörten das Spektakel, waren manchmal sogar mit dabei, nur konnten sie das alles nicht so recht einordnen. Und denn war ja auch keiner da, der 'was hätte erklären können oder wollen, nicht 'mal in der Schule. Die Lehrer mußten ebenso von Monarchie in Demokratie und von Kaiserreich in Volksrepublik umdenken wie andere Leute auch. So lange das aber alles nicht geklärt und sie selber damit nicht vertraut waren, so lange reichte das auch nicht hin für den Schulunterricht. Nachher aber war das für Willi egal, so dachte er jedenfalls, denn dies' Jahr Ostern kam er sowieso aus der Schule —.

Was nun das Ende des Krieges angeht, so fühlten Mutter und Sohn sich ziemlich unterschiedlich davon berührt. Anna Mumm sah doch, wie andere Männer wieder nach Hause kamen — bloß ihr Hannes nicht, den sie irgendwo in Belgien begraben hatten. In dem Glück der anderen Frauen und Familien erkannte sie erst jetzt ihr eigenes Unglück — und ihre Einsamkeit.

Gewiß doch, in den Kriegsjahren war ab und an schon 'mal ein Mann dagewesen, der sich für sie interessierte, und natürlich hatte ihr das auch geschmeichelt. Aber so lange der Junge noch lütt war und sie gesehen hatte, daß auch andere Frauen alleine standen, so lange waren ihr die Sorgen um den Alltag genug gewesen. Allerdings war Willi langsam groß geworden. Sie spürte richtig, wie der bald Fünfzehnjährige von der Schürze weg wollte, und nun mußte sie mit ansehen, wie anderen Leuten reinschierweg das Glück wieder ins Haus kam, während sie selbst alleine blieb.

Willi dagegen erschien das Ende des Krieges eher als eine spannende Fortsetzung davon. An seinen Vater dachte er nicht mehr viel. Als der Soldat wurde, da hatten sie man gerade Willis zehnten Geburtstag gefeiert — und nun sollte der Junge schon aus der Schule kommen. Für ihn war sein Vater bloß noch Erinnerung — weit weg, ein ovales Bild, das zu Hause auf dem Vertiko stand.

Die Demobilisierung — für 'n plattdeutschen Jungen ein ganz dolles Wort, die *Demobilisierung* also brachte in der Stadt viel mehr aufregende Ereignisse mit sich als der ganze Krieg. Da waren wieder mehr Soldaten in der Stadt, mit denen man sich anfreunden und 'was schnacken konnte. Und ob sie nun entlassen wurden oder zu den bleibenden Einheiten gehörten, in Rendsburg wurde es einfach wieder lebendiger — und das nicht bloß wegen der roten Armbinden und der Versteigerungen.

Neuerdings holte Willi seine Mutter abends gerne von der Arbeit ab, ganz egal ob sie gerade bei Arriens war, im Posthof, im Schützenhof, oder — ganz nahe bei — in der Bauernschänke, bei Frahm in der Mühlenstraße.

„Du sall's nich alleen in Düstern gahn", meinte er, aber das war eigentlich nur ein Vorwand. Er wußte genau, daß seine Mutter nach der Arbeit gerne noch sitzen blieb, für 'ne Tasse Tee oder 'n Glas Bier, wenn sie ihren Jungen bei sich wußte:

„Ick heff ja min grooten Kavaleer bi mi, denn hebbt wi dat nich so hild."

Und während sie denn so saßen, ergab sich das meistens von selber, daß mit'n Mal ein paar mehr Leute am Tisch saßen, Soldaten oder Nachbarn, gerade aus dem Krieg zurück. In langen, manchmal spannenden Erzählungen suchten sie sich von den Eindrücken des Krieges zu befreien, oder suchten Ablenkung davon im Schnack über andere alltägliche und besondere Ereignisse. An dem Flugzeugabsturz Preuß/Jetter beispielsweise redeten sie sich eine ganze Woche die Köpfe heiß.

Die Fliegerei steckte ja damals noch in den Anfängen. So schneidige londach, mit dem abmontierten Schmuckstück in der Hand und bibbernd vor Kälte. Runter kamen sie erst, als Puesdorf weitergegangen war.

Spaziergänger haben das Türmchen einen Tag danach wiedergefunden, im Kindergarten, als Zierde auf dem Kriegerdenkmal.

Solcher Unfug war allerdings noch vergleichsweise harmlos gegenüber anderen Untaten, die man gewiß nicht so ohne Weiteres entschuldigen könnte.

Ältere Rendsburger werden sich bestimmt noch an TETJE erinnern, den die Leute allgemein als ein Original angesehen haben. Seinen Nachnamen möchte ich hier nicht nennen, denn er war eigentlich auch kein Original, eher ein hilfsbedürftiger, ein bedauernswerter Mensch. Tetje war 'n bißchen dumm und hatte dazu anscheinend auch noch so'n klein' Defekt. Über Stöcke und Steine konnte er nicht 'weggehen, so machte er immer einen großen Bogen drumherum. Man kann sich ja vorstellen, daß gerade diese Halbstarken allerhand mit dem Mann aufgestellt haben; und uns Willi war immer dabei.

Tetje übrigens, das sollte ich zwischendurch eben erzählen, der wohnte irgendwo in der Nähe vom Bahnhof, kann sein in der Herrenstraße. Für Greens Hotel, an der Ecke Bahnhofstraße/Jungferstieg, machte er so 'ne Art Kofferschlepper. Von den Gästen kriegte er dafür Trinkgelder und vom Hotel ab und zu eine gute Mahlzeit, die aber *Korl Kiek* auf seine Rechnung nahm. Korl Kiek, er hieß richtig Karl Goetze, war Oberkellner in dem Hotel. Sein Spitzname, unter dem ihn die ganze Stadt kannte, war sozusagen ein Produkt aus Ursache und Wirkung. Wenn nämlich Hotelgäste abreisen wollten, denn mußte der Hausdiener Wilhelm das Gepäck in die Halle bringen. Der kassierte auch das fällige Trinkgeld, wenn eben nicht der allzuständige Oberkellner in der Neechte war. Auf das Trinkgeld — verdient oder nicht verdient — mochte Korl Kiek nicht verzichten. Wenn er also nicht gerade im Restaurant zu tun hatte, denn hielt er sich in der Halle auf oder stand in der Haustür, oben auf der Treppe. So mußte jeder Gast an ihm vorbei, Korl Kiek hatte alles im Auge und das Trinkgeld in der Hand. Dafür sorgte er denn aber auch, daß Tetje nun wieder bereit stand für den Fall, daß das Gepäck auch noch zum Bahnhof getragen werden sollte.

Allzu Persönliches gehört nicht hierher. Aber weil wir gerade einmal davon sprechen und weil das ein leider verunglücktes Stück Lebensart preisgibt, sollte eine Ausnahme erlaubt sein:

Pächter von Greens Hotel war zu der Zeit das Ehepaar Maaßen, dem vorher das Café Tonhalle gehörte. Er — ein in seinem Wesen schlichter Fachmann, sie — eine große schlanke Blondine, zum Besseren geboren. Obwohl sie beide ausgesprochen symphatische Menschen waren, konnten sie nicht so gut miteinander auskommen. Jeder ging seiner Wege. Er mochte die Hausdame Olga ganz gut leiden, und Frau Maaßen — so erzählte man sich — war auch kein Kind von Traurigkeit. Sie reiste eben öfter 'mal nach Malente. So großzügig sie einander also anscheinend begegneten ohne gleich wegzulaufen, so großartig lebten sie auch — jeder für sich und immer im Vertrauen darauf, daß der andere schon auf das Geschäft aufpaßt. Zuletzt kamen sie denn in Schwierigkeiten und mußten das Hotel aufgeben. Danach verliefen sie sich alle: Hausdiener Wilhelm machte sich in der Wallstraße selbständig (Am Holstentor), mit einer eigenen Wirtschaft gegenüber vom ELBTUNNEL; Korl Kiek war anschließend Kellner in HANSENS GASTHOF, da blieb er bis an sein Lebensende; Frau Maaßen fand irgendwo in Kiel einen anderen Platz; Hausdame Olga und ihr Chef Maaßen sollen später den RATSKELLER von Theo Jakobsen übernommen haben.

Die Schulen von damals könnte man mit einer Dusche vergleichen, die Schüler darunter mit einem Schwamm. Da gossen die Lehrer pro Jahrgang acht Eimer Wissen durch die Brause, ließen das kostbare Naß über den Schwamm rieseln und hatten damit ihr *Pensum erfüllt*. Wieviel der Schwamm aufgesogen hatte, ob viel oder wenig vorbei- oder abgelaufen war, das spielte keine Rolle. Er hatte seine Portion weg, damit war die Sache erledigt. —
Für seine Lehrer war Mumm ein aufsässiger und damit ein schlechter Schüler gewesen. Daß er trotzdem 'ne ganze Menge Wissen in sich aufgenommen hatte, das interessierte sie nicht weiter, auch nicht — daß er mit all seinem Wissen nichts anzufangen wußte und nun, nach der Schulentlassung, sozusagen *wie falsches Geld durch die Gegend lief*. Da war kein Vater, an dem er sich hätte aufrichten, und keine Möglichkeit, wo er seine Berufswünsche 'mal hätte sortieren können. Auch von seinen Kameraden fanden viele nach der Schule keine Lehrstelle, nicht 'mal Arbeit, aber sie hatten etwas, das Willi fehlte: Ein Ziel. Im übrigen aber war der Junge so wie alle anderen in seinem Alter auch, und er hatte auch gleiche Bedürfnisse. Nur besaßen die anderen wieder das nötige Geld dafür — so oder so, er hatte das nicht, das heißt — nicht eigentlich. Seine Mutter konnte ihm ja nichts geben, außer natürlich wenn das 'mal

nicht anders ging. Er selbst verdiente noch nichts, trotzdem hatte er neuerdings komischerweise immer ein paar Mark in der Tasche. Seine Mutter wußte nichts davon, sonst hätte sie bestimmt danach gefragt. Ein anderer war nicht da, der Willi hätte ausfragen können. Man bloß die Geldquelle, die eigentlich nichts davon wissen durfte, die wußte genau Bescheid. —

Die letzte Freude an solchen außerordentlichen Einkünften hatte der Junge irgendwann im Frühsommer 1919. Der Zirkus ROBERTI gastierte auf dem Paradeplatz, mit einer natürlich

> *riesigen Tierschau und einem ganzen Marstall edelster Rassepferde. Die Gala-Eröffnung wurde als eine Elite-Vorstellung angepriesen, als eine Riesenschau, eine Weltsensation in zirzensischen Darbietungen und artistischen Spezialitäten.*

Nach der Reklame waren in allen Städten wo diese Schau bisher gastierte, alle Vorstellungen restlos ausverkauft. Wer also überhaupt noch die Aussicht auf eine Karte haben wolle, der solle nun man ganz schnell — naja, Vorverkaufsstellen wie bekannt.
Das war 'was für die Jungs. Alle Mann hin und Karte geholt, natürlich für die Abendvorstellung, wo man in so *fortgeschrittenem Alter* hingehört. Zu Hause sagten sie denn, alle anderen Vorstellungen seien schon ausverkauft gewesen —
„...bitte sehr, kann's auf'm Plakat nachseh'n, da steht ja auch schon, daß sie überall ausverkauft waren."
Dagegen war nichts mehr zu sagen.
„Na — gut denn, Freundchen, aber gewöhn' Dir das man gar nicht erst an, denn das geht nun nicht immer so."
Willi hatte das sogar noch leichter. Er erzählte zu Hause einfach nur die halbe Wahrheit:
„Die ander'n haben alle Karten und die nehm' mich mit."
Das war ein wirklich schöner Abend im Zirkus, auch wenn die Riesenschau stark verkleinert und die Weltsensation 'n bißchen 'was abgegriffen aussah, und auch wenn hier und da ein Nachbar oder sonst bekannter Erwachsener ein bißchen komisch auf die *jungen Herren* von der Altstadt 'runterguckte.

Natürlich gingen sie nach der Vorstellung noch nicht nach Hause. Einmal losgelassen, wollten sie die Gelegenheit auch ausnutzen. Sie waren immer noch auf dem Paradeplatz. Walter Schröder hatte eine Idee:

„Laß' uns doch 'mal bei Herold in' *Tiefen Keller* geh'n. Mein großer Bruder sagt, da is' immer doll 'was los, und Weiber soll'n da auch sein."

Sie zählten ihr Geld, ein Glas Bier für jeden konnte da wohl bei 'rauskommen. Denn also los. Mit unterschiedlichen Gefühlen, von *hier bün ick* bis *lat mi wedder rut* stiegen sie in die Ungewißheit des Tiefen Kellers, des GERMANIA KELLERS hinab. Willi war größer als die anderen, er marschierte vorneweg.

Tabaksqualm, Musik, Stimmen und Gelächter kam ihnen entgegen. Unverputzte Wände verdeutlichten die Kellerlage des Raumes, in dem der Alkoholdunst gleich jeden Gast zu umnebeln schien. Und gleich an der Tür standen zwei Fregatten der Hochseflotte.

„Na, Ihr Lütten, was wollt Ihr denn hier? Milch gibt das hier nicht, höchstens 'ne Buddel Brause — wenn Ihr die bezahlen könnt. Aber denn könnt Ihr auch viel 'was Feineres kriegen..."

Die Jungs wußten nicht wieso, aber irgendwie wurden sie auf einmal rot. Sie guckten auf ihre Schuhspitzen und marschierten verlegen an den freischaffenden Damen vorbei, immer hinter Willi's breitem Rücken her. Der blieb auf 'nmal stehen. Einer mit aufgekrempelten Ärmeln versperrte ihm den Weg, die Reihe klappte zusammen wie eine Ziehharmonika.

„Na, wo wollt Ihr denn hin?"

„Wir woll'n man bloß 'n Bier trinken."

„Sooo — mitten in der Nacht? 'n Bier? Hier bei uns? Hat euch wohl einer hergeschickt, was? Aber bei uns is' das Bier kalt, da müßt Ihr auch noch'n Köm dabei trinken. Habt Ihr denn soviel Geld?"

Also das merkten sie gleich, daß sie hier keiner haben wollte. Verlegen drehten sie wieder um. Nun ging Willi am Ende der Reihe. Eine „Dame" an der Tür kreischte hinter ihm her:

„Tschüs, mei Schieter, komm' man bald wieder wenn Du älter geworden bist, hörs' das?!"

Das mußten sie draußen erst 'mal verdauen.

„Hes dat höert...",

„hes dat sehn...".

Richtig aufgeregt waren sie über so viel Frechheit, über *düsse ool'n Wiever*, die sie *mit 'n Achtersten nich ankieken* würden und die sie, mit der Neugier ihres Alters, eben doch so gerne 'n bißchen 'was näher kennengelernt hätten. Und sie waren sich natürlich einig, daß sie den Kerl da unten, den mit den aufgekrempelten Ärmeln, das sie den alle zusammen anständig verhauen hätten, *wenn de bloß een vun uns anfat har.* — Man nur so ganz geheim, *achter de groote Schnut,* da spürte jeder für sich alleine den Stachel einer eben erlittenen Niederlage.

Auch nach diesem Erlebnis ging die Kumpanie noch nicht nach Hause. Sie waren viel zu aufgeregt und abenteuerlustig. So nebenbei hätten sie wohl gerne 'mal in den GERMANIA-Saal 'reingeguckt, weil da Tanzmusik zu hören war, aber *dat is' sag veel to düer,* meinten sie. So versuchten sie denn wenigstens von draußen in die Fenster zu gucken, in der Prinzessinnenstraße, aber die waren viel zu hoch. Sogar Willi mußte hochspringen um sozuagen einen fliegenden Blick 'reinwerfen zu können. Damit wurde die Sache langweilig. Trotzdem sollten sie noch auf ihre Kosten kommen, bloß anders als gedacht.

In den ersten Friedensjahren war doll was los in der Stadt, wie überall. Die Leute versuchten den Krieg zu vergessen und ihren lange Jahre unterdrückten Lebenshunger zu stillen. Wer die *dollen Zwanziger*

bedenkt, der darf das nicht übersehen, sonst kriegt er ein schiefes Bild von der Sache. Wie gesagt, in der Stadt war doll was los und das machte — mehr noch als in den Zeiten vorher — einige Maßnahmen notwendig; mit anderen Worten: Die Polizei machte Razzien gerade in solchen Lokalen, wie der Tiefe Keller das war.

Unsere Jungs gingen wieder um die Germania-Ecke zurück auf den Paradeplatz. Von dem Augenblick an konnten sie ein Schauspiel beobachten, das ihnen nicht nur den Stachel ihrer Niederlage von vorhin wieder wegnahm, sondern auch noch 'n bißchen Balsam auf die Wunde schmierte:

Zwei Pferdedroschken hielten gerade vor der Treppe zum Tiefen Keller. Zwei Polizisten und 'n paar Zivile sprangen 'raus. Die Zivilen stürmten gleich die Treppe runter und die Wachtmeister stellten sich als Posten davor, so daß nun keiner mehr 'rein konnte — oder raus, wenn die Polizei das nicht wollte. Ein paar Leute wollten sie aber rauslassen und sogar mitnehmen, dabei die schrillen Fegatten von vorhin. Eine wehrte sich wohl und schrie den ganzen Platz zusammen, aber das nützte ihr nichts. Ein Wachtmeister machte höflich den Wagenschlag auf und der andere schupste die Dame mit Nachdruck 'rein in die Kutsche. So bequem reisten die Herrschaften dazumal; eine *grüne Minna* kannte man in Rendsburg noch nicht.

Als sie alle Platz genommen hatten und alle Türen zu waren, da setzte sich zu jedem Kutscher ein Wachtmeister auf den Bock — und los ging die Fahrt. Die Zivilen blieben im Keller zurück, was die Jungs zu der Vermutung kommen ließ:

„De sup sick nu eers noch 'n Beer."

Hier gab das nichts mehr zu gucken, also liefen sie hinter den Kutschen her. Aus dem Heckfenster winkten die Weiber. Die Fahrt ging zu „Vater Philipp", einem kleinen Polizeigefängnis damals gegenüber von Elektra, in der Wallstraße.

„Alle Mann utstiegen",

und nun ging das Theater vom Paradeplatz weiter. Die Gefangenen wehrten sich:

„Was wi's denn überhaupt von mir..."

„Lat mi los, Du Mors..."

„Nimm Dine Pooten weg, Du Swinkerl..."

„Heeeelfeee —"

und so ging das lustig weiter, bis endlich hinter der letzten Dame die Tür zugemacht wurde.

So lange da 'was ingange gewesen war, so lange er gespannt zugucken konnte, so lange war Willi nicht zum Nachdenken gekommen. Nun kam er dazu und ganz aus seinen Gedanken fragte er:
„Wat mak de denn nu mit de Fruunslüd?"
Und einer meinte darauf:
„De ward nu ünnersöch'."
Ünnersöcht? — Da konnte sich keiner 'was 'unter vorstellen. Weil das aber keiner zugeben wollte, setzte nun jeder sein *ick-weet-Bescheed-Gesicht* auf und nickte mit dem Kopf. Und denn gingen sie endlich nach Hause, still und jeder für sich scheinbar tief in Gedanken versunken.

In der Mühlenstraße, neben dem Haus von Senator Fromm, war über Jahrzehnte der Altwarenhändler Ehrich zu finden; Rohproduktenhändler sagt man wohl heute dazu. Sein Geschäft soll Hein Erich von einem Vorgänger übernommen und aus kleinsten Anfängen zu einem guten Unternehmen ausgebaut haben. Er war ein kleiner, rundlicher Mann, trug einen Kneifer auf der Nase und immer einen Homburger auf dem Kopf — fast schon als ein Wahrzeichen seiner selbst. Seine Frau, ein schlanker, dunkler Typ, war in ihrer Erscheinung eher das Urbild einer Frömmlerin bei den Samaritern. Anscheinend trug sie besonders gerne dunkle Kleider, elegant natürlich. Das Haar hatte sie zu einem Knoten zusammengesteckt, und wie ihr Mann, so benutzte auch sie einen Kneifer, den sie an einem schwarzen Band um den Hals trug. Mit Hochachtung in der Stimme erzählte mir einmal eine ältere Dame, Frau Ehrich habe *nur in ersten Kreisen* verkehrt.
Rohproduktenhändler Ehrich war Willi Mumms stille Einkommensquelle. Angefangen hatte die Geschäftsverbindung schon vor ein paar Monaten mit irgendeinem Aufruf, wonach die Bürger Altmaterial abgeben möchten, *das von der Industrie dringend gebraucht wird*. Willi sortierte daraufhin 'was im Keller rum, fand auch 'n paar alte Sachen und stellte danach zu seiner Überraschung fest, daß man dafür sogar Geld kriegen konnte. In den nächsten Wochen plünderte er bei lütten den ganzen Keller. Als der Vorrat alle war, da kam er ohne das Taschengeld von Ehrich nicht mehr aus. Er mußte sich zwangsläufig woanders nach Altmaterial umgucken. Dabei kam ihm der Zufall zu paß:
An einem Sonntag nämlich durfte er im Mühlengraben Pferde füttern, im Stall von Johann Mahrt, der inzwischen wieder im Geschäft war. Ein kleines Ende weg von dem Stall grenzte auch Hein Ehrich sein Grundstück an den Graben. Und genau da lag doch tatsächlich ein Bündel alter

Hufeisen im Weg, alle schön mit 'n Ende Draht zusammengebunden. Da war wohl 'n Loch im Zaun, denn dahinter lagen die gebündelten Eisen sogar bergeweise 'rum, aber sollte er — Willi Mumm — sich nun Gedanken machen, wie dies eine Bündel, in den Weg gekommen war? — das konnte doch keiner erwarten. Den nächsten Tag kriegte Willi also wieder 'n schönes Stück Geld. Das gefiel ihm, und so ging er von nun an jeden zweiten oder dritten Tag durch den Mühlengraben. Das Loch im Zaun war immer noch nicht zugemacht und der liebe gute Zufall sorgte dafür, daß der Junge jedes Mal ein so'n Bündel Hufeisen oder anderes Altmaterial fand.

Nach dem Zirkusabend brauchte er wieder Geld. Damit die Sache nicht so auffällig wurde, machte Willi einen Umweg durch die HoheStraße um denn vom Schiffbrückenplatz her durch den Mühlengraben zu gehen. Mit leeren Händen ging er bei Spielwaren-Otto in den Graben 'rein, bei der alten Kornwassermühle in der Eisenbahnstraße kam er beladen wieder 'raus. Von da an war die Sache man bloß noch 'n Klacks. Der Platzarbeiter bei Ehrich nahm ihm das Material ab, legte den ganzen Kram auf die Dezimalwaage und schrieb ihm das Gewicht auf einen Zettel. Damit ging Willi in das Kontor und ließ sich von dem Chef persönlich ausbezahlen. Soweit war ja alles in bester Butter, aber — aber...

Willi wollte schon 'rausgehen, als Hein Ehrich ihn sozusagen festnagelte:

„Du hast das doch nicht so hild, Junge, was? Komm', bleib hier, setz' Dich da man 'was auf den Stuhl, und denn könn' wir gleich noch 'n bißchen 'was mit'nander schnacken. Bloß noch 'n Augenblick, ich muß hier eben noch 'was fertig schreiben."

Ja — und denn schmorte er, fünf, zehn, zwanzig Minuten, 'ne halbe Stunde —. Indes kamen ihm alle seine Schandtaten in den Sinn. Abwechselnd sah er sich schon von dem Platzarbeiter verhauen — sah sich von der Polizei abgeholt — sah er sich hinter schwedischen Gardinen und wäre nun so gerne weggelaufen. Aber jedes Mal, wenn er gerade aufstehen und zur Tür rennen wollte, denn guckte er geradezu in die wachen Augen von Hein Ehrich, und denn blieb er doch lieber sitzen. —

Urplötzlich ging das *Bombardemang* los, kamen vom Schreibpult her Fragen auf den Jungen zugeschossen, auf die er — ganz verdattert — nur stotternd antworten konnte.

„Wie alt bist Du?"

„Ich — ich bin fünfzehn."

„Denn gehst Du also nicht mehr zur Schule?"
„N — n — nee."
„Was arbeitest Du?"
„N — n — nichts."
„Und lernen tust Du auch nichts, was?"
„N — n — nee."
„Weißt Du, wie lange ich Dir schon Dein Taschengeld bezahle?"
„N — nee, i — ich..."
„Auch gut. Ich sag' Dir das: Schon über'n halbes Jahr verkaufst Du mir meinen eigenen Schrott. Hoffentlich hast Du nicht gedacht, daß wir das nicht merken. Aber jetzt ist Schluß damit. Heute hast Du Dein letztes Taschengeld von mir gekriegt; und wenn Du mir nun noch einmal meinen eigenen Schrott verkaufen willst, denn gehs' am besten gleich von selber zur Polizei. Verstanden?"

O — ja, Willi verstand. Antworten konnte er nicht, er schluckte und nickte bloß. Und denn meinte Hein Ehrich weiter:

„Naja, denn genug davon. Nu' laß uns seh'n, wie wir Dich von der Straße kriegen."

Zum ersten Mal in seinem Leben hielt nun 'mal nicht seine Mutter einen langen, ernsthaften Schnack mit ihm, sondern ein Mann, dazu noch eine Respektsperson. Ob Willi Mumm dadurch geläutert, ich meine — ob ihm dabei ein Licht aufgesteckt wurde, das läßt sich nicht sagen. Mindestens hat das Licht nicht lange vorgehalten, was wir nachher noch sehen werden.

Hein Ehrich besorgte ihm keine Lehrstelle, aber zwei oder drei Tage nach ihrer langen Unterhaltung schickte er seinen Platzarbeiter bei den Mumms vorbei und ließ bestellen,

„de Jung sall sick mor'n fröh Klock süß op de Hütt mel'n, dar hebb'se Arbeit för em..."

Anna Mumm war soweit ganz zufrieden. Was ihr bis dahin Sorgen gemacht hatte, das war nun in Zuversicht umgeschlagen. Ihr Junge war weg von der Straße, er hatte Arbeit und verdiente Geld. Große Sprünge waren damit zwar auch nicht zu machen, aber was war das doch 'n schönes Gefühl, endlich 'mal wieder 'n Schapp voll Essen zu haben. Und denn sollte der Junge natürlich ausstaffiert werden. In letzter Zeit hatte er immer den Guten von sein' Vater angezogen, da paßte er ja 'rein, aber den hatten sie früher schon 'mal umdrehen lassen und nun war das gute Stück von beiden Seiten blank. Naja — daß der Junge immer schön schier aussehen, daß er immer rein und sauber sein würde, dafür wollte Anna schon sorgen, auch wenn sie man bloß Arbeitsleute waren. Wenn man bloß Willi ordentlich blieb. —

Wo nun alles in Butter schien, da hätte Anna Mumm auch gerne 'mal wieder an sich selber gedacht. Lange genug hatte sie sich ja zurück gehalten, was ihr nicht immer leicht gefallen war. Aber da war ja erst die Not gewesen. Denn wieder meinten die Leute, in ihrem Alter und dazu noch als Kriegerwitwe könne sie doch nicht einfach so —. Anna hatte Rücksicht genommen, obwohl sie die Schnackerei ganz und gar nicht einsehen konnte. Sie war nun schon fünf Jahre Witwe und das schien ihr lange genug; auch wenn Hannes Mumm vielleicht von da oben wie ein eifersüchtiger Hahn auf sie 'runtergucken sollte. Daß sie ihn nicht vergessen würde, was auch immer (hoffentlich noch) passieren mochte, dafür sorgte schon sein Ableger. Ja — und ein anderer Hinderungsgrund für Anna war bis dahin die Sorte Kriegerwitwen und verwitwete Kriegsbräute, die in der ganzen Stadt als *bekneipte Weiber* verschrien waren. Wie die Männer ließen sie sich in ihrem Kummer oder Übermut oder was das sonst sein mochte, den Kanal vollaufen, machten zu nachtschlafener Zeit Lärm auf 'er Straße und legten sich denn auch noch an mit der Polizei. Da mochte sie nicht zugerechnet werden und blieb deshalb lieber zu Hause.

Wenn wir nun schon 'mal 'n bißchen 'was neechter in Anna Mumms Angelegenheiten 'reingucken, denn sollten wir auch sehen, das sie tatsächlich einmal auf eine Heiratsanzeige geschrieben hatte, auf ein „reelles Heiratsgesuch". Da war einer aus 'm Krieg zurückgekommen, ein vierzig-jähriger Handwerker. Zu Hause hatte er seine vier lütten Kinder alleine vorgefunden und das frische Grab von seiner Frau; muß wohl 'ne traurige Sache gewesen sein. Für Anna war das aber nichts. Sie war gewiß 'ne ansehnliche Frau, aber eben doch keine „Germania" — und der Mann suchte nicht bloß eine Mutter für seine Kinder.

Anna hatte sich einem Kränzchen angeschlossen. Sechs oder sieben Frauen gleichen Standes waren das, die sich von der Schule, aus der Jugendzeit oder von der Arbeit her kannten. Alle hatten einen mehr oder weniger großen Anhang und standen damit alleine. Reih'um trafen sie sich jede Woche einmal abends. Da wurde gestrickt oder gehäkelt, jede wie ihr das gerade gefiel; da wurde ab und zu 'mal 'n Schluck getrunken und denn ging das hoch her; da wurde 'mal so richtig nach Herzenslust geschludert, über dies und das, über andere Leute und natürlich über die Männer. Das war 'n quietschfidel'n Kreis mit nur einem Haken: Sie hinderten sich gegenseitig, über Sitte und Anstand 'weg einfach auszubrechen. Keine mochte den ersten Schritt tun. Dabei hätte jede von ihnen sofort das Kränzchen eingetauscht gegen die natürliche Zweisamkeit mit einem Mann, gegen ein klein' bißchen Zärtlichkeit oder, wenn das möglich gewesen wäre, gegen die Gemeinsamkeit gleich für das ganze weitere Leben, — wenn da bloß einer gekommen wäre.

A propos, Sitte und Anstand: Die Situation der Frauen damals habe ich gelegentlich mit jungen Menschen unserer Zeit besprochen. „Verklemmt, total verklemmt", war das meistgeäußerte Urteil. Ich bin da 'was anderer Meinung. So wenig wie wir heute „total hemmungslos" sind und unseren Gefühlen freien Lauf lassen, so wenig war man damals total verklemmt. Mode macht was Sitte ist. Sie war das, was der Witwe, dazu noch der *Krieger*-Witwe, eine gute Portion Zurückhaltung vorschrieb; bei dem Andenken an den teuren Verstorbenen, *egal ob de Kerl nu toeerst 'n Lumpesack, 'n flotten Jung, 'n Pantüffelheld oder 'n Schörtenjäger, 'n Kömnees oder 'n Grootschnut wesen weer.* Wer gegen das Gebot der Sitte verstieß, verlor augenblicklich seinen guten Ruf. So viel die Frauen in früheren Zeiten unter „Sitte und Anstand" entbehrt haben mögen, ob sie heute — und das gilt nicht bloß für Frauen — ob sie heute besser dran sind, bei schnell vergessenem Andenken und im übrigen bei anscheinend an allen Ecken revidierten Wertvorstellungen von Sitte und Moral? — Ich wage es nicht, diese Frage zu beantworten.

Das Kränzchen war unruhig, verständlicherweise. Gleich nach dem Krieg und erst recht in der Zeit der Maskenbälle, da schlugen auch in Rendsburg die Wellen der Vergnügungssucht ziemlich hoch.
Ob sie, die Frauen, nicht wenigstens einmal — nur so zum Spaß — ? Meta Sievers, die mit ihren drei Lütten in der Nähe von der Garnisonskirche wohnte, machte den Vorschlag und beschwor damit einen Sturm herauf.
„Mensch, das könn' wir nicht machen..."
„Um Gottes Willen, wenn uns einer sieht..."
„Wär' ja schön, aber..."
So ging das 'ne ganze Weile hin und her. Kinder, Nachbarn und Eltern waren Gründe dagegen. Nur die heimliche Sehnsucht nach ein bißchen Leben stand dafür. Sie wären alle gerne 'mal gegangen, da fehlte bloß noch die entscheidende Stimme, aber die entschied sich — diesmal noch — für das Gegenteil.
Ganz sutje, nur mit ihrem Schnack, so brachte Anna Mumm Ruhe in das Durcheinander. In dem Kränzchen hatte sie bis jetzt nie so recht was zu sagen gewußt, umso mehr schienen ihr nun die anderen zuzuhören:
„...natürlich hast Du Recht, Meta, wir sollten uns auch 'mal wieder 'n kleinen Spaß gönnen. Aber warum gerade jetzt? So lange haben wir damit gewartet, kommt das nun auf ein' Tag an? Sieh's doch, wie das überall zugeht. Geht all'ns drunter und drüber und bald weiß keiner mehr, mit wem er überhaupt verheiratet ist. Möchte sich eine von Euch den Ruf ramponieren lassen? Guck' doch bloß 'mal an, was sie hinter die bekneipten Fraunsleute herschnacken, da will ich wenigs'ens nicht dazu-

gehören. Ich mein', wir sollten noch 'n bißchen warten, bis sich all'ns'was beruhigt hat. Nachher im Frühjahr und im Sommer gibt das so viel schöne Feste, wo wir denn auch 'mal alleine, ich mein' bloß wir Frauen, hingeh'n und tanzen könn' — und denn soll sich wohl auch noch 'mal 'n Mann finden lassen, mit dem man vielleicht 'was anfangen kann. Jetzt suchen die doch bloß alle ihren Spaß, und bloß dafür bin ich mir zu schade. Guck doch 'mal an, was das Apollo für Sonnabend schreibt:

Großer Witwen- und Lumpenball

Sind wir Kriegerwitwen denn man gerade noch für die Lumpen gut genug? Und soll'n wir vielleicht solche Krögers auch noch das Geld dafür in 'Hals schmeißen? Wenn Ihr das wollt, denn man zu. Ich will das nicht."

Das war eine lange Rede gewesen. Die anderen Frauen wußten erst gar nicht so recht was zu sagen. Da war erst bedröppeltes Schweigen, aber denn ging das durcheinander:

„Waaas — steht das wirklich da?"

„Laß 'mal seh'n."

„Na — so 'was aber auch — .„

Danach vergaßen sie für 'ne ganze Zeit ihre Wünsche. Sie schrieben einen Brief an die Zeitung und eine Woche später konnte man die Empörung der Frauen im Tageblatt nachlesen — nicht den ganzen Brief, denn was das Kränzchen da in seinem gerechten Zorn geschrieben hatte, das war nicht alles für die Veröffentlichung geeignet. Die Rendsburger Krögers aber haben sich tatsächlich von da an mehr Gedanken gemacht um die Namen ihrer Feste und Bälle.

Das Vergnügungskarussel beruhigte sich nicht. Das drehte unvermindert weiter, wurde sogar bei lütten immer schneller — auch wenn die Leute das nicht gleich merkten; wie bei einem richtigen Karussel auf dem

Jahrmarkt. Und kein Mensch konnte sagen, was den Antrieb gab. Ja — das schien gerade so, als ob sie einen fürchterlichen Sturm überstanden hätten und sich nun, zuguterletzt, selbst auch noch ertränken wollten in einem schier endlosen Freudentaumel. Sie wollten Versäumtes nachholen, wollten ihren Lebenshunger stillen, suchten Vergessen von dem was gestern und heute war, was als drohendes Unheil schon vor ihnen stand. Und keiner wollte überhaupt wissen, daß das eben noch so staatssche Staatsschiff entsetzlich angeschlagen war, daß die Führung eben doch noch erst ihr Handwerk lernen mußte. Die alten Segel hatten sie über Bord geworfen. Nun besaßen sie kein Tuch mehr um neue machen zu können. Die das merkten waren nicht laut genug, denn schrille Jahrmarktsmusik und das Geschrei derer, die sich nicht einigen konnten, übertönte alle Vernunft.

Tanz und Vergnügungslokale gab das in der Stadt übergenug. Und wer mehr wollte, der konnte in die Randgebiete gehen, zu Boyens nach LOUISENLUST, oder nach ROTENHOF, dem Familien-Nachmittagskaffee-Ausflugslokal. Oder über die Dörfer, nach Osterrönfeld, Westerrönfeld, zu MÖHL in Jevenstedt, nach Fockbek oder sogar nach Hohn zu FALKENHAGEN, nach Büdelsdorf in den SPITZKRUG oder ins TIVOLI, nach Audorf ins GLÜCK AUF, womit nur wenige Beispiele genannt sind. Aber bleiben wir in der Stadt:

Hier war erst 'mal das COLOSSEUM am Schloßplatz, wo man sich auf zwei Ebenen vergnügte, im Hochparterre und im ersten Stock. Das Lokal gehörte den Rehders, einer kinderreichen Familie. Die drei ältesten Jungs fungierten als Rausschmeißer. Sie machten dabei ihre eigene Ordnung und kein Mensch konnte gegenan, nicht 'mal der Vater.

Da war der APOLLO-SAAL in der HoheStraße, der einem gewissen Limburg gehörte. Eine Zeitlang lang nannte sich das Haus auch SCALA und später war Möbel-Schulz da drin. Das Lokal wurde gleich in drei Ebenen betrieben; im Erdgeschoß das Restaurant, von da führte eine lange Treppe nach oben auf den Tanzboden. Auch hier gab das Rausschmeißer. Wer sich nicht anständig benahm oder seine Zeche nicht bezahlen konnte, der segelte *mit 'n Mors toeerst* die lange Treppe wieder 'runter. War oben die Musik alle, denn ging man in den Keller, in das Souterrain. Ebenerdig zur NeueStraße gehörte eine Kneipe zu dem Apollo. In dem Laden war immer ordentlich was los, dafür sorgten schon die Damen der Hochseeflotte, die sich auch hier einen einträglichen Ankerplatz gesichert hatten.

Da war die SCHWEIZERHALLE in der Hindenburgstraße, neben dem

CONVENTGARTEN und mit Blick auf die Wolff-Brauerei, die in den Tagen gerade ihr letztes Bier machte. Inhaber der Schweizerhalle war damals ein gewisser Jensen, der da zuerst als Kellner gearbeitet und denn eingeheiratet hatte. Post- und Eisenbahnervereine verkehrten da, das war das Stammlokal der Bäckerinnung und für verschiedene Vereinigungen von Kaufleuten. Viel öffentliche Ballabende konnte Jensen also nicht ausschreiben, aber wenn er das tat, denn war da auch immer doll was los. Sogar manche Touristen und Ausflügler, die mit dem Schiff oder mit der Kleinbahn gekommen waren und tagsüber auf der großen, blumengeschmückten Veranda 'rumgesessen hatten, blieben gleich für den ganzen Abend da — und manchmal auch für die Nacht.

Man denke auch an das Clemensche Haus am Jungfernstieg. Der ganze Komplex war seinerzeit mit Efeu zugewachsen und an der Ecke zur Materialhofstraße befand sich die HARMONIE, erst viel später das DEUTSCHE HAUS. Während die Mannschaftsränge der Garnison mehr im GERMANIA-SAAL am Paradeplatz verkehrten, trafen sich hier die Offiziere und *feineren Leute* der Stadt.

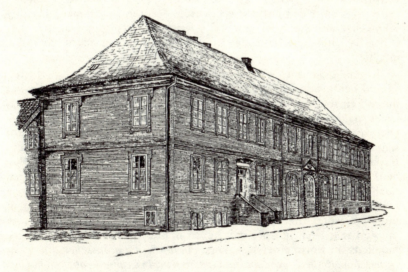

Ein gutes Haus war übrigens auch das BAHNHOFS-HOTEL, dessen großzügiger Bau leider kürzlich abgerissen wurde. Künstler-Konzerte, Militär-Konzerte, Ballabende, all' dies stand im Programm des Hauses, das mit einem großen Saal und diversen Gesellschaftszimmern aufwarten konnte. Eine große Freitreppe im Innern des Hauses führte auf eine großzügige Empore im ersten Stock, wo sich die Hotelzimmer befanden.

Die Reihe der Vergnügungsstätten müßte man noch fortsetzen mit GREENS HOTEL, dem SCHÜTZENHOF; der vorher die Badeanstalt HOHENZOLLERN gewesen war und wo später immer das *Vogelschießen* der Kinder stattfand; HANSENS GASTHOF, dem GRÜNEN KRANZ, CONVENTGARTEN, dem Waldcafé im Nobiskrüger Gehölz, der EIDERHALLE; die damals dem Gastwirt Lutze gehörte, dem Vorgänger von Korl Kiek in Greens Hotel; und . und ... Da gab das noch mehr Lokale kleinerer Art, die aber auch in diesem Buch leider nur teilweise angesprochen werden können.

Natürlich waren auch die Frauen des Kränzchens um Anna Mumm nicht auf Dauer von dem Vergnügen abzuhalten. Sie mochten nicht zu Hause still 'rumsitzen, während die Welt ringsum sich im Jubel und Trubel aufzulösen schien. Jede suchte nach einem Zipfel des Lebens, der Lust, und wünschte sich mittendrin zu stehen — jetzt! Aber so einfach war das gar nicht. Alleine konnte eine Frau damals nicht zum Tanzen gehen, das hätte den guten Ruf gekostet. Mehrere zusammen, das ging schon eher, aber noch besser war das, wenn man wenigstens einen männlichen Begleiter dabei hatte, den Bruder oder wer immer sich bereit finden mochte.

„Komm' doch mit, Mensch, ich geb' auch einen aus."

Und denn saßen sie da, die Frauen in *reiferer Jugend*, angetan mit ihrem Feinsten und dem Duft von Kernseife, von Kölnisch Wasser, vielleicht sogar von *Parfüm*, oder nur mit dem Duft von Zwiebeln, die sie — eben vor dem Ausgehen — noch für die Bratkartoffeln zum Abendbrot schneiden mußten. Ledige und verwitwete Mütter waren das, Haustöchter und Hausangestellte, sitzengebliebene Kriegsbräute und hinterbliebene Kriegerwitwen, Opfer des Krieges — auf ihre Art. Sie erwarteten noch viel vom Leben, hatten ja selbst auch noch 'was anzubieten, aber sie mußten sich beeilen. Die Jugend rückte nach und würde sie, die Frauen um vierzig und älter, bei Zeiten zu den Matronen abschieben. Ja, sie mußten sich beeilen, aber das Leben mußte sich auch finden lassen, möglichst in Form eines Kavaliers, *ein bißchen gut aussehend, in guter Situatchon, fleißig, spendabel und sparsam in eins, ruhig — aber nicht ohne Temperament, und selbstverständlich auch 'n bißchen gut zu die Kinder.* Das sollte eben ein passabler Mann sein. Man bloß, davon gab das nach dem Krieg so viele nicht mehr.

Zu jedem Topf paßt auch 'n Deckel, so sagt der Volksmund, aber die Reihe der alterspassenden und ungebundenen Männer war dünn geworden. Und wer den Krieg ohne größeren Schaden überstanden hatte, der dachte gewiß nicht gleich ans Heiraten. Amysieren wollten sie sich, vergessen und leben ohne die Last einer neuen, wenn auch zivilen und persönlicheren Bindung, ohne die Last der Verantwortung für eine Familie. Die Zeiten waren schlecht, man lebte von der Hand in den Mund. Das Angebot und die Nachfrage in den Lokalen war groß. Die Altersgrenzen *von paßt zu paßt* schienen sich sogar aufzulösen.

Wie die Frauen, so saßen auch die Männer in Gruppen an ihren Tischen oder standen sozusagen *haufenweise* an den Biertheken 'rum. Sie waren laut und lustig oder sagten kein Wort und starrten statt dessen Löcher in die Luft, sie warteten auf eine günstige Gelegenheit, was immer sie sich davon erhofften. Biedere, gesetzte Männer waren das oder kräftige junge Burschen, Weiberhelden und Schönlinge dazwischen. Jeder suchte auf seine Art sein Glück, im Schnack und beim Tanz, gewandt, elegant, oder zudringlich und tölpelhaft. Mancher sammelte ja erst jetzt die Erfahrungen, die er eigentlich schon längst gemacht haben könnte, wenn nicht der Krieg dazwischen gekommen wäre.

Den Krögers, den Wirten, war jeder Gast willkommen, so lange er sich man bloß *je nach Art des Hauses* anständig benahm. Überhaupt waren die Krögers damals ganz andere Leute als heute. Sie suchten von sich aus den Kontakt zu ihren Gästen und jeder in dem Laden wußte, das ist der Wirt. Da war sich keiner zu gut und da war kein Tisch zu weit, als das der Kröger nicht 'mal persönlich vorbeigekommen wäre, zur Begrüßung auf den Tisch geklopft, guten Abend gewünscht oder mit einem

„na, wie geht Euch das denn so"

nach dem werten Befinden seiner Gäste erkundigt hätte. Und wenn er dazu noch einen ausgab, denn konnte er meistens auch sicher sein, daß das — heute oder morgen — doppelt oder dreifach wieder 'rein kam.

Mit fortgeschrittener Stimmung ging das in den Tanzlokalen hoch her, da herrschte Allotria. Die Blechmusik spielte auf, unterstützt von Pauken und Schellen. Nur in den *Etablissemangs*, den feineren, den intimeren Lokalen, waren sanftere Geigentöne zu hören. Schnelle und langsame Walzer wurden gespielt, Märsche — auf denen man Schieber tanzte, die böhmische Polka, den argentinischen Tango, den amerikanischen Foxtrott, noch nicht den Charleston, aber selbstverständlich den altdeutschen Ländler und — bei guter Stimmung — immer noch den Reigen, den

Reihentanz, auf dessen Melodien leicht frivole Texte gesungen wurden.

Platz zum Tanzen gab das genug. Bei der Menge Lokale achteten die Wirte von selber darauf, daß ihre Gäste Ellbogenfreiheit behielten. Und welcher Tänzer hätte das nicht ausgekostet wenn ihm das gelang, mit seiner Partnerin ein paar schwungvolle Schritte zu tun, quer über das Parkett und einmal — zweimal rund um die Platte, bis man sich einordnen mußte. Wer seiner Partnerin so eine Ouvertüre bieten konnte, so eine mit gekonntem Schwung begonnene Tanzrunde, der hatte schon die halbe Garantie für den nächsten Tanz in der Tasche.

Die Musikanten saßen auf der Bühne, auf dem Podium oder — wenn beides nicht gegeben war — in ihrer Ecke. Mußten sie in den feineren „Salons" mit Stehkragen im Frack schwitzen, so schwitzten sie woanders in ihren Uniformen — ob militärisch oder zivil. Auf den deftigeren Tanzböden jedoch durften sie ihre Jacken ausziehen und Schlips und Kragen ablegen. In Hemdsärmel und Hosenträger spielte sich das nochmal so gut. Von der *Zwangsjacke* befreit kamen sie nachher selber in Fahrt, trieben ihre musikalischen Späße und waren — auf Wunsch — zu jeder Extraeinlage bereit; vorausgesetzt natürlich, da war erst 'mal 'ne Runde Lütte gekommen, oder 'ne Runde Lütt und Lütt, wenn der Wunsch extra groß war. Wer viel arbeiten soll, der muß ja wohl auch 'was zu trinken kriegen.

„Auf Wunsch eines ungenannt bleiben wollenden Herrn laden wir nun ein zur Damenwahl, und wir spielen dazu – wie immer – so 'n klein' lütten Ranschmeißer."

Damenwahl, das war nicht eigentlich anstößig, aber doch so 'n bißchen was mehr für solche Damen, die ihren Kavalier bei sich, oder heute schon gefunden, oder wenigstens schon 'n paar Mal mit ihm getanzt hatten und sich nun *revanschier'n* wollten. Die anderen, Damens wie Herrens, saßen inzwischen irgendwie verloren auf ihren Stühlen und hatten so 'n komisches Gefühl in der Magengegend. Den Damen fehlte der Mut zur Freiheit, obwohl sie doch sooo gerne getanzt hätten. Die Herrens dagegen versuchten ihre Verlegenheit zu vertuschen. Sie gingen eben 'mal 'raus oder stellten sich an die Theke, tranken sich Mut an für den nächsten Tanz. Und wer das nicht ganz schaffte, naja – der riskierte vielleicht 'mal 'ne kleine *Investition*? Korl, der Kellner, oder Fiete – wenn er gerade so hieß, der mußte seine weiße Jacke stramm ziehen und denn ein kleines Likörchen 'rüberbringen,

„weiß' Bescheid, die lütte Blonde da in'er Ecke".

Würde sie das Glas annehmen? Da – sie fragte 'was. Zur Antwort zeigte Korl mit dem Daumen über die Schulter zurück nach der Theke. Nun gab sich der mit der Spendierbüx zu erkennen, prostete ihr zu und – hurrraaa, sie prostete zurück. Der nächste Tanz war nun gerettet.

Ich mein', ganz so einfach war das natürlich nicht immer. Da gab das auch Damen, die sich gerne 'mal so 'n Likörchen ausgeben ließen und denn doch nicht tanzten –. Aber dafür gab das auch wieder solche, die gar nicht erst auf 'n Likör warteten, sondern gleich von sich aus 'n klein' Köm oder sogar 'n *Konjack* in die andere Richtung schickten. Das Spiel war ziemlich vielseitig und jeder durfte da'an teilnehmen, so gut er konnte und so viel er mochte. Was schließlich aus dem Spiel wurde, ich mein' – was er da'aus machte oder was sie daraus werden ließ – oder umgekehrt, das zu beschreiben will ich hier gar nicht erst versuchen.

In den großen Tanzsälen herrschte so 'was wie eine Pseudoeleganz. Man kam in Festkleidung, gab sich vornehm oder doch von bester Kinderstube, so gut das eben ging. Aber lange dauerte das nicht, denn wurde alles 'n bißchen was legerer, der Lack bröckelte langsam ab.

Solche Anstrengungen, mit denen die Damens und Herrens sich gegenseitig 'was vortäuschten, gerade wie bei einer Stellenbewerbung, oder wie beim ersten Besuch bei den Brauteltern, solche Anstrengungen hatten die älteren Herrschaften natürlich nicht mehr nötig, die über fünfzig. Die machten sich nicht mehr viel vor und verzichteten wohl deshalb auf's übertriebene Feinmachen und Vornehmtun. Wenn sie nicht gerade durch ihren Hühner-, Tauben- oder Karnickelzuchtverein an ein's der großen Lokale gebunden waren, denn hatten sie ihre eigenen Lokalitäten, ihre eigenen Tanzvergnügen, vielleicht ihren eigenen *Ball der einsamen Herzen*.

Als Beispiel dafür soll DE KNAKENBÖHN genannt sein, neben der Freibank in der GrüneStraße. Mauermann Brammer wollte hier eigentlich nur ein Gesellenquartier betreiben. Die Handwerksgesellen mußten ja mindestens drei Jahre wandern und so brauchte man denn auch immer wieder Herberge. Die Wirtschaft im Erdgeschoss ergab sich von selber, und als nach dem Krieg die Wanderschaft noch nicht so recht wieder ingange kam, da wurde der Schlafsaal im ersten Stock eben zu einem Tanzboden. Da kamen *de Fruunslüd* zum Vergnügen am Abend in ihren knöchellangen Waschkleidern, höchstens mit einem Schultertuch als Zierde, aber mit *Holtpantüffeln an de Fööt*. Das war bequem und half Schuhe sparen. *Un de Mannslüd?* – Nun,

*wenn ok aff un an een
mit Schlips un Kragen ankeem,*

so über'n Abend wurde ihm das doch zu warm und denn machte er das bald wie alle ander'n auch: Jacke aus, Hemdsärmel hochgekrempelt, Schlips und Kragen neben Bierglas und Zigarre gelegt, und weiter ging der Spaß – das heißt, denn ging das eigentlich erst richtig los. Eine alte Drehorgel sorgte in dém Laden für Stimmung. Kinder kriegten ein paar Pfennige dafür, wenn sie das Ding immerzu ingange hielten. Nachher – als die Orgel kaputt war – da spielten irgendwelche Nachbarn auf, mit Quetschkommode und Trompete.

Wenn aufgespielt wurde, wenn die Herrens sich in übertriebener Höflichkeit vor die Damens verbeugten, oder wenn Hannes hier oder Fiete da einfach laut durch den Saal rief:

„Emma, düssen Danz mak wi tosamen!"

denn flogen die Holzpantoffeln links und rechts von den Füßen, und eins-zweidrei – eins-zweidrei ... ging das barfuß über die Dielen, zu *Aschepee un Schlorhack*. Und all' das mit lautem Gelächter und noch lauterem Gesang.

Wie schon gesagt, *op den Knakenböhn* verkehrten ältere Gäste, aber nicht bloß solche. Mehr oder weniger heimlich schlichen sich auch immer wieder junge Männer nach oben, was aber allen zu pass kam. Bei dem Frauenüberschuß damals war jeder Mann eine Bereicherung auf dem Tanz-

boden – und die jungen Männer lernten hier das Tanzen, kostenlos und mit viel Vergnügen. Spielend gewannen schüchterne Jünglinge den nötigen Mut, allzu eifrige Draufgänger dagegen lernten was schicklich ist. Und damit war denn ja allen gedient.

Von ganz anderer Art waren die kleineren Amysierbetriebe, zu denen die PALME gehörte, mit ihren *Gästen aus allen Kreisen*, der GERMANIA-KELLER (Tiefer Keller) und die Kneipe unter dem APOLLO, die ja beide buchstäblich im *unteren Niveau* lagen. Die etwas gehobeneren Lokale dieser Art nannten sich „Café", was natürlich nur halberlei richtig war. Sie unterschieden sich beträchtlich zum Beispiel von dem eleganten Café ALBERT neben der Tonhalle, wo Rendsburgs feine Leute verkehrten, und auch von dem nicht weniger feinen KAISER-Café in der Hindenburgstraße.

Tatsächlich konnte man auch in den Amysiercafés tagsüber 'ne gute Tasse Kaffee trinken und unbesehen 'n feines Stück Torte essen, im Café ASTORIA in der Herrenstraße oder im Café GOSCH oder Café SUHR, beide in der oberen Hälfte der HoheStraße. Ja – da konnte man sogar hochwohlanständige Tischgesellschaft finden. Aber abends sah das ganz anders aus. Da machten sie Reklame mit erstklassigen Schlagworten zu drittklassigem Tingeltangel auf ihren viel zu kleinen Kabarettbühnen.

```
            ...alles rennt ins
         CAFÉ ASTORIA
                  heute
         Riesen-Mai-Programm
                Eintritt frei!
```

Und denn verkehrte in diesen Lokalen ein anderes, sonst aber ziemlich gleichbleibendes Publikum aus genüßlichen älteren und neugierigen jüngeren Gästen. Und immer waren das die älteren Herren, die mit den blankgeputzten Kneifern auf der Nase, die ganz nahe bei saßen, in der ersten Reihe, da – wo leichtbekleidete Mädchen 'rumhüpften und freche Liedchen trällerten. –

... UND LEBEN LASSEN

Einen Kater haben sich die Rendsburger bei ihrem dollen Nachtleben der zwanziger Jahre nicht geholt, jedenfalls nicht so, daß sie den nächsten Tag nicht auf Posten gewesen wären. Ich mein' – den schon Jahrhunderte alten „blauen Montag", den kannten sie natürlich,

> *Blauer Montag, volle Kröpfe,*
> *leere Beutel, tolle Köpfe,*

aber *blaumachen* war nicht die Regel. Überhaupt muß man sagen, daß die Mentalität, das Wesen der Menschen an der Eider, gar nicht sooo doll auf das leichte Leben ausgerichtet ist. Das sind ruhige, vernünftige Leute. Die vergnügen sich – und gewiß nicht zu knapp, wenn das möglich ist, aber auch das tun sie mit viel Bedacht, und so hat denn auch ihr Vergnügen seine ganz natürlichen Grenzen. Den besten Beweis dafür lieferten 1922 die Karnevalsvereine nicht zuletzt auch in Rendsburg. Über die Zeitung machten sie bekannt, daß man in diesem Jahr auf größere Veranstaltungen verzichten wolle,

> ... mit Rücksicht auf die wirtschaftlichen
> und die politischen Verhältnisse.

Das war vernünftig und gewiß eine gute Antwort an die Adresse solcher Leute, die sich schon lange über die schier endlose Feierei aufregten. Der Hauptlehrer Henningsen beispielsweise gehörte dazu; später Nachfolger von Rektor Hansen. Der schrieb in einem „Eingesandt" vom 25. Januar 1922 an das Tagblatt:

> Ein Blick in den Anzeigenteil unserer
> Zeitung:
> > Maskerade! Maskerade!
> > Arbeitervereinsmaskerade!
> > Bügerkulbsmaskerade!
> > Liedertafelmaskerade!
> > usw. usw.
> Die Quäker bespeisen unsere unter-
> ernährten Kinder!
> Wir aber:
> > Maskerade! Maskerade!
> Ja-Maskerade!

Nun hat aber bekanntlich jede Sache mindestens zwei Seiten. So eine andauernde Feierei kostet ja nicht bloß Geld, sie bringt auch 'was, nämlich für die Gastwirte, für die Kellner und Musikanten – wenn wir nur 'mal die erste Linie sehen, denn das Geld rollt ja weiter. Konnten also die Gastwirte, besonders der größeren Lokale, auf ihre Veranstaltungen und Umsätze verzichten? Gewiß nicht. Sie wollten sich das Geschäft nicht nehmen lassen und ebenso wollte das Personal nicht arbeitslos werden – ganz im Gegenteil. Die Musiker der kleineren Kapellen streikten sogar an einem der Karnevalssonntage für höhere Löhne und bessere Sozialleistungen, wie wir das heute nennen. Erfolg hatten sie damit allerdings nicht, denn auch so ein Streik hat seine zwei Seiten.

Da gab das kleinere und größere Musikkapellen. Die größeren davon, Kapellen Kruse und Rumohr, die konnten sich gar nicht leisten, für höhere Löhne zu streiken. Sie wären damit zu teuer geworden und hätten sich selbst das Geschäft kaputt gemacht. Abgesehen davon waren sie von ihren kleineren Kollegen aber auch nicht rechtzeitig um „Solidarität" gefragt worden. Kein Wunder also, daß der Streik nicht bloß einfach daneben ging, sondern auch noch gegen die Streikenden ausgenutzt wurde. An dem Montag danach nämlich teilte Kruse über die Zeitung mit, daß seine Kapelle *nicht mitgemacht* habe, und einen weiteren Tag später gab auch Rumohr bekannt, daß man *dem Streike ferne stehe*. So hatten die Großen den Gewinn und die Kleinen den schwarzen Peter in der Tasche:

> *Wat den een sin' Uhl,*
> *is' den annern sin' Nachtigall.*

Die beiden großen Kapellen Kruse und Rumohr sind erst nach dem Krieg von 1914/18 gegründet worden. Mir ist leider nicht bekannt, ob sie bloß als so 'ne Art Notgemeinschaften aus den Umständen der Nachkriegszeit oder auf echten Bedarf hin entstanden sind, auf der Vergnügungswelle oder weil die Militärmusik nicht mehr zur Verfügung stand. Sie müssen allerdings gut zu tun gehabt haben, denn beide hielten sich sogar Musikanten-Lehrlinge.

Kruse unterrichtete seinen berufsständischen Nachwuchs im ELEKTRA. Räume gab das da genug; man wird wissen, daß das Haus von 1902 bis 1913 als Gewerbeschule für Elektrotechnik und Maschinenbau diente (daher der Name). Unter anderem wurde da nun also der Musikantennachwuchs ausgebildet. Eine erhebende Sache soll das aber nicht gewesen sein, – jedenfalls nicht für die Nachbarn. Stundenlang Tonleitern 'rauf und 'runter,

mit Posaune und Klarinette, mit Flöte und Trompete, mit Trommeln, Pauken und Schellen, alles durcheinander, Etüden vorwärts und rückwärts, mit Crescendo und Decrescendo in Harmonie und Disharmonie. Die Nachbarn haben sich die Ohren zugehalten und die Zähne zusammengebissen, das heißt – sie haben sie n i c h t zusammengebissen, denn bei dem zusätzlichen Vibrato hätte kein Gebiß heil bleiben können. Aufgeregt hat sich allerdings nur einer. Das war Schuster August Braker gegenüber vom Elektra, der konnte bei dem Lärm keinen Tacks*) mehr richtig setzen, weil ihn das Tuten und Trommeln von drüben ganz konfus machte. So ging er denn öfter 'mal rüber, brüllte gegen den Lärm an und langte auch 'mal mit kräftiger Hand dazwichen. Großen Erfolg hat er damit aber anscheinend nicht gehabt. Man kann ihm nur nachträglich, sozusagen posthum wünschen, daß er zum Ausgleich öfter 'mal in ein's der ordentlichen Konzerte gegangen ist.

---

*) Tacks (gesprochen Täks) = kleiner, auf 10 mm Länge geschnittener Schusternagel.

Beide Kapellen hatten feste Standorte für ihre Sonntagsnachmittagskaffeetrinkfrühlingskonzerte. Rumohr im Conventgarten, vor feinem Publikum und gepflegtem Kanalpanorama, Kruse im Nobiskrüger Gehölz, wo er von jedem Gast fünfzig Pfennig Eintritt kassierte. Sinnigerweise blies er denn aber auch mindestens zweimal sein Paradestück DIE POST IM WALDE. Dieser Ohrwurm mit dem romantisch-sehnsüchtigen Trompetensolo, ein Glanzstück des sonst nicht so bekannten Tenoristen und Komponisten Heinrich Schäffer († 1874), hat auch Kapellmeister Kruse in vielen Städten Deutschlands bekannt werden lassen. An Stelle der Städteliste will ich hier aber lieber weitergeben, was mir erst neulichs eine ältere Dame erzählte: Noch bevor sie daran habe denken können, jemals ausgerechnet einen Rendsburger Kaufmann zu heiraten, war sie als junges Mädchen einmal nach Oldenburg in Oldenburg gekommen. Irgendein Fest war der Grund für die Reise gewesen. In dem musikalischen Festprogramm habe unter anderm gestanden

    DIE POST IM WALDE
          Trompetensolo = Kapellmeister Kruse, Rendsburg.

„Tja – und als ich denn kurz danach meinen Mann kennenlernte, da hatten wir gleich 'was Rendsburgisches zu schnacken."

Als Dienstkleidung trugen die Kruseschen Musikanten weiße Handschuhe zu grünem Bratenrock und Zylinder, bei Rumohr sahen sie ähnlich aus: Die Ausstattung war natürlich teuer und konnte schon deshalb nicht so oft gereinigt oder erneuert werden, wie das wohl nötig gewesen wäre. Von Weitem sah das ja nun ganz schön aus, sogar festlich, aber bei näherem Hinsehen zeigten sich die Bratenröcke ausgefranst, blankgescheuert und (Zitat)

so speckig glänzend, daß sie nur noch grünlich schimmerten.

Und die Zylinderhüte sollen nicht besser ausgesehen haben. In solchem Zustand wurden die *Uniformteile* sogar weitergegeben, egal ob paßt oder nicht paßt. Nun konnte man wohl die Bratenröcke von Fall zu Fall ändern, aber nicht die Chapeaus. Wenn also hier und da eine der Kapellen *mit klingendem Spiel* ausmarschierte, denn war das immer ein besonders lustiger Anblick: Die zu kleinen oder zu großen Zylinder rutschten bei jedem Schritt auf den Köpfen hin und her, und das mußten die Musikanten durch Kopfhaltung 'mal nach links und 'mal nach rechts ausbalancieren, ihre Instrumente konnten sie ja nicht einfach absetzen. Besonders schlimm muß die Sache für einen kleinen Lehrling bei Kruse gewesen sein. Dem rutschte der Zylinder immer über die Augen, so daß er während des Marsches erst den Kopf und zuletzt den ganzen Oberkörper zurücklegen mußte, um überhaupt noch 'was sehen zu können. Solche Auftritte, mit viel guter Musik und mit viel Gelächter bei den Zuschauern, hatten die Kapellen jedes Jahr beim Ausmarsch mit den Gilden. Kruse mit der Altstädter Vogelgilde, deren Geschichte bald siebenhundert Jahre zurückreicht, und Rumohr mit der Neuwerker Scheibenschützengilde von 1690.

Aber zwei solche Kapellen in einer kleinen Stadt, das geht natürlich nicht ohne Reibereien, das heißt – bei ihrem Konkurrenzmarsch kam das den Musikanten gar nicht auf 'n paar häßliche Töne mehr oder weniger an. So einen öffentlichen Auftritt gab das irgendwann zu Anfang der zwanziger Jahre, als beide Kapellen mit ihren Bettelwagen unterwegs waren. Anläßlich der Gildenfeste sammelten sie noch jedes Jahr bei den Geschäftsleuten 'was zu essen und zu trinken, sozusagen als Extralohn für den öffentlichen Auftritt und für gute Arbeit. Wie die Altstädter damals nach Neuwerk gekommen waren – in *fremdes* Gebiet, das wußte nachher keiner mehr zu sagen. Die beiden Wagen begegneten sich in der Königstraße. Sie hielten nebeneinander, man beschimpfte sich gegenseitig.
 „wat hebbt Ju hier to söken",
 „wat wi'st Du denn, Du halven Klarinettist, Du",
 „gaht bloß darhen, wo Ju herkamen sünd",
 „Du dämlichen Posaunenbengel",
 „ool'n Klookschieter",
 „halve Portschon", –
und denn plötzlich knallten sie sich gegenseitig die Zylinderhüte um die Ohren, da flogen die Fäuste und krachten die Instrumente. Aber – die Polizei war in der Nähe und so dauerte die Hauerei zum Glück nicht allzu lange. Sie mußten ihre Siebensachen wieder zusammensuchen, aufsteigen und denn hieß das:
 „Ju föert dar lang un Ju dar lang – un wenn dat een nich passen deit, he mud dat man bloß seggen, na Vadder Philip is dat gar nich wiet, basta."

IV. TEIL

INFLATION

VON DER HAND IN DEN MUND

Trotz der allgemeinen politischen Unruhe und trotz der Schnelligkeit, mit der sich das Vergnügungskarussel immer noch drehte, ging das Leben tagsüber seinen scheinbar ruhigen Gang. In den Betrieben, den Fabriken, Werkstätten und Büros, den *Kontors,* und nicht zuletzt auf den Märkten und in den Geschäften war man inzwischen wieder zur Tagesordnung übergegangen. Das war allerdings eine andere Tagesordnung, als die Leute sie von der *guten Kaiserzeit* her gewohnt waren. Damals machte man gute Arbeit für gutes Geld, und von dem Geld wurde nur so viel wieder ausgegeben wie nötig; viele hatten allerdings auch mehr nötig als sie bei aller Arbeit verdienen konnten. Wo aber noch 'was übrig blieb, da kam das auf die hohe Kante, wurde gespart, für welchen Zweck auch immer. Man lebte heute, aber man arbeitete und sparte für morgen – vertrauensvoll sogar, denn das Geld war echt. In den Legierungen der Gold- und Silbermünzen steckte zugleich ihr tatsächlicher Wert. Um das 'mal bildlich auszudrücken: Wenn ein Bauer seine Kuh verkaufen wollte, denn konnte er das ruhig tun, denn das war ein Geschäft ohne Risiko – wenigstens was das Geld anlangte. Der Krieg machte die Sache allerdings kaputt, das Vertrauen blieb auf der Strecke.

Schnell waren die Staatsreserven alle, die Schätze waren verbraucht, buchstäblich verpulvert. Statt nun aber einfach den Krieg zu Ende zu bringen, machte der Staat Schulden. Er bezahlte mit Papiergeld. Das wäre an sich nicht weiter schlimm gewesen, denn das Papiergeld ist ja so 'ne Art Gutschein für eine bestimmte Menge Anteile an dem Staatsvermögen. Jeder hat heutzutage mehr oder weniger davon in der Tasche oder auf dem Konto bei irgendeiner Bank; früher im Sparstrumpf. Der Staat, das sind ja seine Bürger, und das Staatsvermögen, das sind gemeinsame Werte und Anlagen der Bürger. Verwalter über diese Werte ist die Regierung. Die sorgt denn auch dafür, daß die Menge des umlaufenden Papiergeldes, der Gutscheine also, nicht höher oder niedriger ist als das Staatsvermögen ausmacht. Damals verpulverte der Staat allerdings seine Schätze, ohne daß er – wegen des großen Geldbedarfs für den Krieg – die umlaufende Papiergeldmenge hätte kleiner machen können. Das Geld verlor an Wert, die Scheine versprachen mehr als dahinter steckte. Dadurch wieder stiegen die Preise, um die bezahlen zu können druckte man noch mehr Geld, dessen Wert sank weiter ab und die Preise stiegen noch höher – ein Teufelskreis. Um noch mal das Bild von dem Bauern zu bringen: Der war nun gar nicht mehr so doll darauf aus, seine Kuh zu verkaufen.

Den Teufelskreis hätte der Staat normalerweise mit dem Ende des Krieges überwinden können. Man brauchte nur wieder zu arbeiten und zu sparen. Aber da stand zu viel im Weg: Die Revolution, die umstrittene Demokratisierung, Sozialisierungsansprüche – die gewiß berechtigt, bei den gegebenen Umständen aber noch nicht vertretbar waren. Unter dieser besonderen Zeche der organisierten Beschäftigten, und nicht zuletzt der politischen Parteien, haben die Ärmsten unter den Armen am meisten leiden müssen, die Arbeitslosen. –

Geradewegs in den Teufelskreis 'reingetrieben wurde die Papiermark-Währung allerdings auch durch die Wiedergutmachungs-Forderungen der Siegermächte. Diese Forderungen waren darauf angelegt, Deutschland für Jahrzehnte in die Knie zu zwingen, das Land politisch und wirtschaftlich zu ruinieren. Besonders übel spielten uns damals die Franzosen mit, und die Belgier. Für die ging das jetzt nicht bloß um Wiedergutmachung für den gewonnenen Krieg, gewissermaßen um das Faustrecht des Siegers, sondern auch um Rache für 1870/71. Damals hatten die deutschen Staaten ebenso rücksichtslos von ihrem *Faustrecht* Gebrauch gemacht. Jetzt durfte Deutschland nicht 'mal zuerst die durch den Krieg entstandenen Wunden heilen, seine Wirtschaft wieder in Ordnung bringen, mußte vielmehr gleich mit der Ausfuhr der Rohstoffe aus den Erz- und Bergbaugebieten anfangen.

Das Land mußte ohne Gegenwert abgeben, was es im Augenblick selbst dringend nötig hatte, mußte außerdem mit teuren Industriegütern im Ausland einkaufen, was es selbst für den Konsum brauchte. So 'was ruiniert sogar die beste Wirtschaft. Und in ihrer Not half die Reichsregierung denn auch noch kräftig nach: Erst mit der umstrittenen Nachgiebigkeit gegenüber den Forderungen der Entente, und – als die gescheitert war – mit dem organisierten, passiven Widerstand im Ruhrgebiet (vom Staat bezahlter Streik). Der Staat kriegte seine Geldwirtschaft also auch nach dem Krieg nicht in den Griff, der Teufelskreis hörte nicht auf. Es kam zu einer Inflation, zu einer wahren Schwemme fast wertloser Geldscheine mit phantastischen Zahlen *).

Die alte Goldmark war zwar immer noch gültig, aber natürlich längst nicht mehr zu haben. Solche Werte wurden gehortet, da – wo man sich das noch leisten könnte. Um jedoch den Maßstab nicht zu verlieren, diente die Goldmark immer noch als Vergleichsfaktor. Daran läßt sich denn auch die Entwicklung der Inflation ablesen **).

Bei der folgenden Kurstabelle handelt es sich natürlich um eine geraffte Darstellung. Die langen Tabellen der tatsächlichen Tageskurse zeigen, daß sich der Kurs der Papiermark – etwa ab Sommer 1922 – fast jeden Tag, zuletzt sogar täglich mehrfach stark nach unten veränderte. Phantastische Preise waren die Folge. So errechnete das Statistische Reichsamt, daß sich die Lebenshaltungskosten bis Dezember 1923 auf das Eintausendeinhundertfünfzigmilliardenfache der Vorkriegszeit verteuert hätten. Das sind Zahlen, die man sich so ohne weiteres nicht 'mal vorstellen kann. Die Briefmarke für eine Postkarte kostete am 1.11.1923 glatte zwanzig Millionen Mark, für einen Brief sogar fünfzig Millionen. *Nur acht Milliarden* Mark kostete das Rendsburger Tageblatt für die Woche vom 29.10. bis 4.11.1923. Dagegen stellte sich der wöchentliche Satz der Arbeitslosenunterstützung man bloß auf

6,3 Milliarden für Männer unter 21 Jahre
10,5 Milliarden für Männer über 21 Jahre
4,9 Milliarden für Frauen unter 21 Jahre
8,4 Milliarden für Frauen über 21 Jahre
3,9 Milliarden Zuschlag für Ehegatten und
3,1 Milliarden Zuschlag für jedes Kind.

---

*) Um Irrtümer zu vermeiden: Die schleichende Inflation heute hat andere Ursachen.

**) Zum Vergleich: Bei gleichbleibendem Wertverlust (Ø 5 % / Jahr seit 1949, Folgeerscheinungen nicht gerechnet) wird sich der Wert unserer DM erst in einhundert Jahren um 1:625 verschlechtert haben. Die Papiermark damals brauchte dafür nur knapp vier Jahre.

Für eine Goldmark	=	Papiermark
1918 am 31.10.		1,75
am 31.12.		2,—
1919 am 28. 1.		2,25
am 30. 4.		3,—
am 30. 6.		3,25
am 31. 8.		4,50
am 31.10.		6,—
am 31.12.		10,—
1920 am 29. 2.		20,50
am 30. 4.		14,—
am 30. 6.		9,—
am 31. 8.		12,—
am 31.10.		16,—
am 31.12.		16,25
1921 am 28. 2.		14,25
am 30. 4.		14,75
am 30. 6.		15,75
am 31. 8.		20,—
am 31.10.		33,50
am 31.12.		39,25
1922 am 28. 2.		48,—
am 30. 4.		63,—
am 30. 6.		79,50
am 31. 8.		316,50
am 31.10.		1.577,25
am 31.12.		5.376,50
1923 am 28. 2.		6.369,50
am 30. 4.		34.843,25
am 30. 6.		2.207.510,—
am 31. 8.		38.910.510.000,—
am 30.11.		1.000.000.000.000,—

Die Arbeitslosen damals hatten durchaus einen ordentlichen Anspruch auf Unterstützung. Eine Arbeitslosenversicherung existierte aber noch nicht, so daß die Unterstützung aus der Staatskasse bezahlt werden mußte. Sie war so klein, daß sie – mit viel Ach und Weh – man gerade für das absolute Existenzminimum ausreichte. Sie wurde auch nicht immer pünktlich bezahlt und war nicht in jedem Fall' umsonst. In Gegenleistung mußten die Leute nämlich Notstandsarbeiten machen, etwa beim Straßenbau oder anderen öffentlichen Aufgaben. In Rendsburg räumten sie bei der Gelegenheit den Rest der Festungsanlagen ab, oder beispielsweise in Büdelsdorf wurde die Armesünderbucht zugeschüttet und auf dem so entstandenen Gelände der erste Eidersportplatz errichtet.

Den Arbeitslosen wurde nicht etwa die Selbstverantwortung für sich und ihre Familien abgenommen – ganz im Gegenteil. Wer Notstandsarbeiten machte, der kriegte zwar noch Zuschläge zu seiner Unterstützung, aber das war man bloß ein Strohhalm, von dem jeder gerne wieder loskommen wollte und deshalb nicht aufhörte, sich ordentliche Arbeit zu suchen. Vierundzwanzig Stunden mußten überhaupt erst 'mal für die Unterstützung gearbeitet werden, oder sechzehn Stunden bei besonders schwerer Arbeit. Danach erst gab das dreißig Prozent Zuschlag für acht Stunden Mehrarbeit. Facharbeiter kriegten außerdem zusätzlich zu der Hauptunterstützung zehn Prozent Prämie für den Tag. Und denn gab das noch Leistungsprämien, die aber ziemlich unterschiedlich hoch waren und irgendwelche Regeln nicht klar erkennen ließen. Der Haken bei der Sache war nur der, daß auch in Rendsburg die Zahl der Arbeitslosen immer größer war als die Menge der möglichen Notstandsarbeiten.

Man muß wohl so eine Inflation erlebt haben um ermessen zu können, was für erschütternde Folgen das für die noch anwachsende Zahl der Arbeitslosen mit sich brachte. Ihre Not war ja zugleich die Not ihrer Frauen und Kinder, wechselnd bis manchmal mehr als zwölf Millionen Menschen. Wollte man deren Leid ausführlich schildern, so wären unendlich viele kleine Geschichten und Einzelheiten zu erzählen. Ersatzweise soll dafür ein Artikel stehen, den ich in den Tageblatt-Ausgaben vom Winter 1923/24 fand:

> Ein bezeichnender Streit. Von einem Leser unseres Blattes wird uns geschrieben: Vor einigen Abenden ging ich durch die Straßen Neuwerks. Durch laute Stimmen, die aus einer unbeleuchteten Kellerwohnung drangen, aufmerksam gemacht, blieb ich stehen und hörte folgendes Gespräch: Du, Du hest mi all wedder dat Bett dörcheenanner smeten, dar kann ick ja gar nich dropp slapen, un dat Hemd heß mi ok wegnahmen." Darauf eine andere Kinderstimme: Nee, dat will ick anbeholen, ick freer so." Eine weibliche Stimme, vermutlich die der Mutter, ertönte darauf: „Nee, dat mutt Paul anbeholen, de schall morgen dar un dar hen." Dann hörte man Zanken der Jungen unter sich und Heulen. Jedenfalls wollte der eine das Hemd nicht freiwillig hergeben. Ich ging meiner Wege. Der Streit über das Hemd brachte mir das wirtschaftliche Elend mancher Volksgenossen aufs Lebhafteste wieder in Bewußtsein.

Sommer wie Winter kein Licht – der Winter 1923/24 war ein sehr streng keine Feuerung, nicht genug anzuziehen und Hunger, Tag ein, Tag aus. In solchen Zeiten entstand das Bild der Kinder, die frierend an der Ecke stehen und betteln. Kinder, denen die Ärmel ihrer viel zu großen und zerlumpten Kleidungsstücke zugleich Handschuhe und Taschentuch sind. Kinder, aus deren magere Gesichter große, runde Augen traurig duldend in die Welt sehen. Kinder, die – nur beispielsweise gesagt – einmal und zweimal mehr mit dem Rummelpott *) liefen, weil das für sie kein jedes Jahr nur ein-

---

*) Rummelpott = Lärmtrommel = ein mit Schweinsblase überzogener Topf. Ein Stock wird durch die trockene Blase gestoßen und dann auf und ab gerieben.
Rummelpottlaufen = Kindervergnügen (Bettelgang) jährlich einmal vor Sylvester. Verkleidete Kinder ziehen von Haus zu Haus, dabei Sprechgesang, vom Rummelpott rhythmisch begleitet.

mal wiederkehrender Spaß war, wie für andere Kinder, sondern ein bitterernstes Geschäft. Sogar notleidende Erwachsene liefen in dieser Zeit mit dem Rummelpott und machten den Kindern Konkurrenz:

> *"Es kamen drei Weise aus dem Morgenland,*
> *sie trugen den Stäern wohl in der Hand,*
> *sie kamen, sie kamen vor Herr Rohde (= Herodes) sein Haus,*
> *Herr Rohde der schaute zum Fenster hinaus*
> *und sprach, und sprach mit falschem Sinn:*
> *"Wo wollt ihr lieben drei Weisen hin?"*
> *"Nach Bethlehem, nach Davids Stadt,*
> *wo unser Herr Schesus (= Jesus-Christus) Geboatstag hat."*
> *Wub'm mak de Dör op,*
> *lat den Rummel 'rin.*
> *Wenn dat Schipp vun Holland kümmp*
> *denn hett dat wat in' Sinn.*
> *Een, twee, dree un veer,*
> *wenn dat man een Appel weer.*
> *Een, twee, dree un veer,*
> *wenn dat man 'n Kooken weer.*
> *Een, twee, dree un veer,*
> *wenn dat man 'n Penning weer.*
> *Hau de Katt den Schwanz aff,*
> *hau em nich to lang aff,*
> *lat 'n lütten Stummel stahn*
> *denn wi wöllt noch wieder gahn.*
> *Prooost Niejoahr!*
> *Schiet op oole Joahr!"*

Ja – natürlich, auch die Fürsorge war zur Stelle. Diesmal allerdings nicht mit einer *KRIEGS*-Küche**), wo jeder quasi holen konnte so lange sein Geld reichte, sondern mit einer *NOT*-Küche nur für bedürftige Familien, soweit sie ohnehin auf öffentliche Unterstützung angewiesen waren. Das wird denn wohl auch der Grund dafür gewesen sein, daß das Essen – jeden Tag eine warme Mahlzeit – nicht mehr in der Wallstraße, sondern in der Wrangelkaserne ausgegeben wurde, hinter verschlossenen Türen sozusagen. Den hungrigen Mäulern dürfte das allerdings egal gewesen sein; sie kriegten 'was zu essen, kostenlos, und das war schließlich auch schon 'was.

**) Vergl. Seite 33

Die Beschäftigten konnten die Last der Inflation leichter ertragen als ihre arbeitslosen Kollegen. Sie kriegten ja regelmäßig ihren Lohn oder ihr Gehalt. Wenn das auch nicht gerade viel war, man konnte sich immerhin behelfen. So 'was wie eine hohe Kante brauchten sie vorläufig allerdings auch nicht, bei den Banken und Sparkassen verlor das Geld ja ebenso seinen Wert.

Besonders in der hohen Zeit der Inflation waren die sonst üblichen Lohn- und Gehaltstage nicht mehr zu halten, so ungefähr vom Sommer 1921 bis Dezember 1923. Beamte und Angestellte kriegten ihre Gehälter nun ratenweise und lange vor Ultimo ausbezahlt; ohne Theater ging das allerdings auch nicht ab. Wochenlöhner wurden zu Tagelöhnern und Tagelöhner zu Stundenlöhnern. Und wer eben ausbezahlt wurde, der mußte das Geld im nächsten Augenblick auch schon wieder ausgeben – denn zwei Augenblicke danach kriegte er nichts mehr dafür, oder doch nur viel zu wenig. Was das hieß, kann sich jeder denken. Geld leihen oder Kredit aufnehmen, das gab es nicht. In dieser Zeit hatten die Gläubiger das schwer, nicht die Schuldner – wie sonst. Mehr als die Geldverleiher der verschiedensten Schattierungen erlebten deshalb auch nur die Leih- und Pfandhäuser mit ihren Kurzgeschäften einen Boom, einen Auftrieb ohnegleichen.

Zeitverlust, das hieß also Wertverlust. So warteten die Hausfrauen denn auch nicht etwa geduldig bis ihre Männer mit der Lohntüte nach Hause kamen – oder auch nicht. Sie standen vielmehr vor den Lohnbüros oder an den Fabriktoren – und denn ging das Rennen los.

Sie lebten alle mehr oder weniger von der Hand in den Mund. Die Parole hieß nicht mehr *arbeiten und sparen,* wie in nachgetrauerten Kaiserzeiten, sondern *noch mehr arbeiten und noch mehr verdienen um über die Runden zu kommen.* Das ist ja doch gediegen, wie sich gerade in schlechten Zeiten die Lebensgeister der Menschen regen, was ihnen alles einfällt um die eigene Not zu lindern oder sich sogar daraus zu befreien. Einzeln kann man das gar nicht alles erzählen, aber vielleicht genügt ja auch das einfache Beispiel von einem jungen Bierkutscher, der aus naheliegenden Gründen an dieser Stelle einfach Krischan heißen soll:

Krischan war mit Willi Mumm und den anderen Jungs zusammen in der Altstadt groß geworden. Eine Lehrstelle allerdings – so wie er sie gerne gehabt hätte – fand er nicht. Außerdem mußte er Geld verdienen. Sein Vater war ein selbständiger Handwerksmeister und der brachte nicht genug zusammen in dieser Zeit, wo jeder seine Millionen zuerst für den Lebensunterhalt brauchte. Krischan wurde also Bierkutscher, bei Wagner in der Wallstraße. Da arbeitete er an sechs Tagen in der Woche und manchmal auch sonntags. Morgens um sieben fing er an mit Pferdefüttern, sein Arbeitstag war zu Ende, wenn er die Tagestour hinter sich hatte – manchmal früh, manchmal spät.

Krischan konnte gut mit den Pferden umgehen und er war fleißig. Zur Belohnung kriegte er frei, wenn er sich woanders 'was dazuverdienen konnte. Er machte Kutschfahrten für die Rendsburger Pastors. Die Gemeindebezirke der Kirche waren ja zu der Zeit noch anders eingeteilt als heute, so daß die Geistlichen öfter auch 'mal über Land mußten. Wagen und Gespann stellte das *Luxus- und Leichenfuhrwesen* von Claus Derlin am Schiffbrückenplatz, Krischan durfte kutschieren. Weil das Geld nichts taugte, wurden diese Fahrten abends immer gleich abgerechnet und so kriegte auch der Kutscher seinen Lohn jedes Mal sofort in die Hand gedrückt. Besser konnte das gar nicht gehen.

Sein liebster Fahrgast war übrigens der Neuwerker Pastor Ramm. Dieser Seelsorger war ein beliebter Mann wohl deshalb, weil er sich *wie unse'neins* gab. Er mochte gerne 'mal 'n Lütten und konnte sogar 'ne ganze Menge davon vertragen. Vielleicht ging Pastor Ramm auch deshalb gerne 'mal in die Wirtschaft, wo er den Leuten praktische Lebenshilfe gab. Er besaß 'ne ganze Menge Humor und gewiß auch die gerade in der Inflationszeit nötig gewesene Ellbogenfreiheit. Das ist an dem Beispiel einer solchen Fahrt zu sehen:

Der Pastor mußte zu einer Beerdigung nach Hamdorf. Krischan stand morgens pünktlich mit dem Fuhrwerk vor dem Pastorat, das war damals noch an der Ecke Prinzenstraße/Tulipanstraße. Los' ging die Reise, aber eben waren sie aus der Stadt 'raus, da mußte der Kutscher an der nächsten Kneipe schon wieder anhalten:

„Gah doch 'mal eben 'rin in' Kroog un hal uns Een, Krischan, det wi uns wat warm maken dood."

„Nee – nee, Herr Pastor, üm düsse Tid hett de Kroog noch to – un dat is man good so. Wi hebbt noch 'n langen Weg vör uns."

„Mine Güte noch 'mal, Krischan, wat büst Du bloß vör 'n dwarsen Kutscher. Wi möd uns doch ook wat stärken, Jung, kanns' dat nich verstahn?"

„Ja – ja, ick verstah dat, Herr Paster, abers wi stärk uns beter naher, nu hebbt wi keen Tid."

Damit gab Krischan die Peitsche und weiter ging die Fahrt ohne Pause bis nach Hamdorf, so viel der Pastor auch schimpfte und maulte.

Die Trauergäste kannten ihn gut. Eben war die Kutsche vorgefahren, da stand schon einer mit Buddel und Glas parat, und noch bevor der Pastor sein

„herzlichste Anteilnahme, meine liebe Frau Sowieso"

sagen konnte, da hatte er sich erst 'mal ordentlich gestärkt. Nun konnte er den Seelenschmerz der Schäfchen besser ertragen. Er wäre allerdings nicht *der* Pastor Ramm gewesen, wenn er nachher – bei der Beerdigung – nicht auch ganz besondere, ganz persönliche, gute Worte gefunden hätte, in Würdigung des Verstorbenen, zur Ehre des Himmels und zum Trost der Trauergemeinde.

Der Pastor blieb zum Leichenschmaus, er blieb zum Nachmittagskaffee und schließlich auch noch zum Abendbrot. Und als Krischan endlich energisch mahnte,

„nu ward dat abers höchste Tid, Herr Paster",

da hatte Pastor Ramm aus der Trauergemeinde längst eine in ihrem Trost fröhliche Gesellschaft gemacht. So nahm ihm das denn auch kein Mensch übel, daß er eben vor der Abfahrt noch 'mal für 'n Augenblick verschwand

– in Richtung Hühnerstall. Ein Pastor ist schließlich auch bloß ein Mensch. Er kam aber nicht wieder 'rein, setzte sich vielmehr in den Wagen und schrie nach seinem Kutscher. Da gingen sie alle 'raus um ihn zu verabschieden. Natürlich kriegte er noch 'n Lütten auf den Weg. Aber während der Pastor den 'runterkippte, vollführte seine Jacke plötzlich einen merkwürdig gakkernden Höllentanz.

„Junge – ja", erklärte er die Sache, „nu heff ick abers würklich genog", worauf die freundlichen Hamdorfers riefen:

„Tja – denn man goode Fahrt, Herr Pastor, – un gooden Appetit bi de Höhnersupp!"

So deftig wie man Pastor Ramm kannte, ein Mann *wie unse' neins,* so sanft und unauffällig war Pastor Liefland von der Gemeinde St. Marien. Pastor Ramm konnte man auf die Schulter klopfen, vor Pastor Liefland zog man den Hut. Er war ein sanfter, ein zurückhaltender, aber ungewöhnlich fürsorgender Mensch, der sich ganz besonders um die älteren Leute in seiner Gemeinde kümmerte. Auch dieser Seelsorger brauchte ab und zu die Kutsche, beispielsweise wenn er zu irgendwelchen Amtshandlungen nach

Osterrönfeld mußte. Denn ging die Fahrt durch Neuwerk, über die Kaiserstraße, am Kreishafen längs und zuletzt mit der Schwebefähre über den Kanal.

Ist doch klar, daß Pastor Liefland ein durch und durch gläubiger Mensch war, aber eben auch bloß ein Mensch. Ob ihn nun das Wasser an sich bange machte – wer kann das schon so genau sagen. Möglich ist auch, daß er den Unglücksfall eines früheren Amtsbruders nicht verwinden konnte, dem bei so 'ner Fahrt das Pferd durchgegangen war. Die ganze Fuhre stürzte ins Wasser und der Amtsbruder ertrank. Was nun immer Pastor Liefland empfunden haben mag, so lange die Kutsche auf der Schwebefähre stand, so lange auch kniete er tief in dem Wagen, daß er man bloß das schreckliche Wasser nicht sehen mußte. Zwischendurch klopfte er immer wieder an den Wagenschlag und rief seinem Kutscher zu, er solle *in Gottes Namen* man bloß schööön auf das Pferd aufpassen.

Krischan, der Kutscher, war ein friedlicher Mensch. Er kam eigentlich ganz gut aus mit dem alten Pastor, aber er war auch 'n bißchen herzlos. Während nämlich der alte Seelsorger im Wagen kniete und bibberte, lehnte Krischan grinsend am Wagenschlag und erzählte die schauerlichsten Geschichten über den Tod des Ertrinkens. –

HANDEL UND WANDEL - - -

Handel und Wandel fangen an mit dem, was der Mensch jeden Tag nötig hat. Das zeigt sich besonders in Zeiten der Inflation, wo *im großen fast nichts mehr geht,* wo sich alles sozusagen *auf den Ursprung aller Dinge* besinnt.

Ein interessanter Spiegel für Handel und Wandel sind die Anzeigenseiten der Zeitungen. Die waren damals noch eng bedruckt. Man begnügte sich mit billigen Kleinanzeigen in schmalen Spalten. Wie üblich waren die Inserate nach Gesuche (= Ankäufe) und Angebote (= Verkäufe), in Geschäftsanzeigen, Familienanzeigen, verloren und gefunden usw. geordnet. Über dem in der Regel nur kleingedruckten Inhalt aber stand immer ein fettgedrucktes Stichwort, etwa so:

Hiernach konnte jeder schnell sehen, *ob für mich 'was drinne steht.* Und weil die Leser noch nicht durch so 'n neumodischen Kram gestört wurden, der uns das Leben heute wohl angenehm, dafür aber das Zusammenleben schwer macht, so nahmen sie sich nicht bloß Zeit zum Zeitunglesen, sondern auch noch für 'n klein Schnack mit an'ere Leute,

„has' schon gelesen . . . ?"

Da war jeden Tag für jeden was drin – könnte man fast sagen, besonders nach so einem Krieg und in der Inflationszeit. Gelegenheitskäufe und -verkäufe boten sich an. Sogar Hausrat, alte Möbel, gebrauchte Matratzen und Federbetten, die doch vielfach schon einmal vererbt waren, sie wurden gesucht und angeboten – von Privat an Privat. Aber auch Händler mischten dabei kräftig mit, wie Storm in der westlichen Schleusenkuhle (Holsteiner Straße) oder Nothdurft in der GrüneStraße.

Gewerbliche Anzeigen im Tageblatt waren in aller Regel Handels- oder Dienstleistungsanzeigen. Von der reinen Artikel- oder Markenwerbung, wie die inzwischen großgewordene Werbeindustrie sie heute betreibt, verstand man noch nicht ganz so viel, und bei den schwierigen Geldverhältnissen hätte sie wohl auch nicht gerade viel bringen können. Wenn dennoch Markenartikel drin standen, wie etwa

> **V O S L A**
> der beste Rundfunkempfänger

oder das Motorrad

> **MABECO**
> die hochmoderne Luxus- und Reisemaschine der Saison, mit 2 Zyl., 5-11 PS 4-Takt-Motor.

denn ging das eher um die immer noch größer und noch fetter ausgedruckte Handelsfirma. Damals nämlich verkaufte der Händler den Markenartikel; heute ist das Verhältnis eher umgekehrt – und das ist auch ein Produkt der Werbung.

Schreiende Anzeigen, wenn sie nicht gerade auf dem Kopf standen oder sonst optisch *aus dem Rahmen* fielen, waren eher Stilblüten. Zeitlich vorgreifend will ich an dieser Stelle ein typisches Beispiel bringen: Das war zum Sängerfest am 6. Juli 1924 in Innien. Die Sänger sollten mit der Eisenbahn anreisen (Strecke Neumünster-Hohenwestedt), und so konnten die Rendsburger denn einen Tag vorher in ihrer Zeitung lesen:

> **Hingerichtet**
> sei dein Auge auf die niedrigen Zigarren-,
> Zigaretten- und Schokoladenpreise bei
> Willi Rottelmann in Jnnien
> Laden auf dem Bahnhof

Rottelmann hatte sich diesen erschütternden *Schlagruf* vermutlich bei einem Reisenden abgeguckt, der im Februar 1922 in einem Rendsburger Hotel wohnte und so inserierte:

> **Hingerichtet**
> sind aller Augen auf die hohen Preise
> welche ich zahle für alte Gebisse und
> einzelne Zähne.
> Kein Zahn unter fünfzehn Mark...

(bei dem Kurs der Papiermark waren das damals einunddreißig Silberpfennige für den Zahn).

Aber auch die Inhaber der sonst immer so schulmeisterlichen Rendsburger Zeitung scheuten vor einer Geschmacklosigkeit nicht zurück. Im Herbst 1923, als die Inflation mit Riesenschritten auf ihren Höhepunkt zu marschierte, da inserierten sie in ihrem eigenen Blatt

BILLIONEN

000000000000000000000000000000000000000000000000000
Reichsbanknoten werden nur in der Reichsdruckerei hergestellt,
jedoch sämtliche andere beliebigen Drucksachen
fertigen in bester Ausführung billigst an

Heinrich Möller Söhne

In anderen Anzeigen fanden die Schwierigkeiten ihren mehr oder weniger versteckten Ausdruck. Man braucht da nur 'mal an die „Instrumenten- und Musikalienhandlung" von Kapellmeister Rumohr zu denken. Das Geschäft befand sich zu der Zeit noch in der Hohe Straße, rechts neben Zigarren-Engels. Wer denn konnte oder wollte bei den schlechten Zeiten ausgerechnet

Musikinstrumente und Musikalien kaufen. Der Laden lief also anscheinend nicht so wie das sein sollte, und nun verkaufte der Kapellmeister plötzlich auch

> Taschenlampen
> Batterien
> Leuchtstäbe
> Glühbirnen
> Feuerzeuge und
> Feuersteine
> in großer Auswahl
> und vorzüglicher Qualität

Schließlich schlidderte er sogar in eine ganz andere Branche 'rein, als er denn auch noch

> Radfahrer
> Fahrrad-Mäntel
> Fahrrad-Schläuche
> - nur in 1a Marken -
> Laternen, Pedale,
> Ketten, Pumpen,
> Satteldecken usw.
> billigst
> Musikhaus Rumohr

inserierte und sich damit auf einen knallharten Konkurrenzkampf einließ.

Ein anderes Beispiel findet sich bei Albert Schramm. Der betrieb auf dem Altstädter Markt ein sehr gut gehendes Lebensmittelgeschäft, eine Kolonialwarenhandlung. Wie alle Einzelhändler, so mußte auch er noch und noch Umsatz machen, um mit dem schnellen Wertverlust der Papiermark wenigstens einigermaßen Schritt halten zu können. Vereinfacht dargestellt sah das allgemein so aus: Die Ware, die den Händlern heute angeliefert wurde, verkauften sie über Tag zu dem morgens kalkulierten Preis. Nun verschlechterte sich aber tagsüber der Wert des Geldes und da passierte es denn, daß sie mit all' den Millionen – die sie eingenommen hatten, den nächsten Tag schon nicht mehr genug Ware einkaufen konnten. Als Ausweg blieben nur drei Möglichkeiten: Sie konnten den Laden dichtmachen; oder sie mußten aus der eigenen Tasche zusetzen und Schulden machen bis zum Konkurs; oder sie machten (sehr viel!) mehr Umsatz und glichen den Wertverlust durch mehr Erlös wieder aus.

Schramm entschied sich für mehr Umsatz, in dem er zusätzlich den Großhandel probierte,

> ... 𝔖ende 𝔓reisliste auf 𝔚unsch; 𝔈inrichtung neuer 𝔊eschäfte zu günstigen 𝔅edingungen ...

Er richtete also neue Geschäfte ein und vermittelte den Einzelhändlern die Finanzierung. Dafür mußten diese bei ihm einkaufen. Das ermöglichte ihm selbst einen noch günstigeren Einkauf und brachte außerdem zusätzlichen Umsatz. Übrigens – viele Großhandlungen betrieben ihr Geschäft jahrzehntelang auf diese Weise, bis sie schließlich von den viel größeren Handelsvereinigungen und Filialbetrieben (z. B. SPAR, EDEKA, COOP usw.) in jüngerer Zeit gefressen oder 'rausgedrängelt wurden.

Viel Platz in dem Anzeigenteil der Zeitung nahm die große Menge der landwirtschaftlichen Inserate ein. Da wurden Äcker und Wiesen angeboten, Pferde, Rinder, Zuchtvieh, Federvieh, Wagen, Geschirre und Geräte. Die Bauern hatten ja noch weniger „Zahltage" als andere Leute in dieser Zeit, mußten also – trotz aller Geldwertverluste – nicht nur länger auskommen mit dem Geld, sondern auch noch gute Rücklagen haben um das nächste Jahr, die nächste Produktionsperiode starten zu können. Aber auch landwirtschaftliche Suchanzeigen folgender Art waren in der schlechten Zeit nach dem Krieg nicht selten:

> Von meiner Weide in Bokelholm sind seit einigen Tagen
> ### Zwei zweieinhalbjährige Pferde verschwunden:
> 1 hellbr. Wallach mit kurzem Schweif, an beiden Hinterfüßen und an einem Vorderfuß etwwas Weißes, 165 Zentimeter hoch; ferner ein schwarbrauner Wallach ohne Abzeichen, 158 Zentimeter hoch, mit langen Schweif.
> Ich bitte um Nachricht, wenn die Pferde irgendwo zulaufen. Auch sichere ich demjenigen eine gute Belohnung zu, der mir über den Verbleib dieser Pferde eine gute Nachricht zu geben vermag. Möglicherweise sind die Pferde auch gestohlen...

Der Inserent war ein gewisser Johann Stachy, ein Viehgräser aus Kleinbarkau bei Kirchbarkau.

Das enge Verhältnis zwischen Stadt und Land ist besonders den Rendsburgern schon immer selbstverständlich und wichtig gewesen. Selbstverständlich – aus den frühesten Anfängen, als die Burg auf Versorgung von draußen angewiesen war, und wichtig – seit diese *Station auf dem Ochsenweg* zu einem Marktflecken und Umschlagplatz wurde. Der Rendsburger Viehmarkt hat immerhin schon seit Jahrhunderten anerkannte Bedeutung; und die Weiterentwicklung dieses Marktes, die um 1913 mit dem Bau der Viehmarkthalle einen neuen Anfang nahm, sie war nicht nur folgerichtig, sondern damals schon längst überfällig. –

Das ist schon ziemlich merkwürdig – nicht wahr, wenn da geschrieben steht *als die Burg auf Versorgung von draußen angewiesen war.* Die Stadt wird natürlich immer darauf angewiesen sein. Und soweit die Bauern ihre landwirtschaftlichen Produkte nicht in den Zwischenhandel geben, kommen sie damit vereinzelt auch heute noch selbst hereingefahren, liefern direkt an ihre Kunden oder verkaufen auf dem Wochenmarkt. Das war in vergangenen Zeiten so üblich.

Der Schloßplatz und der Altstädter Markt waren die angestammten Plätze der Rendsburger Wochenmärkte. Den alten Gemüsemarkt neben dem Komödienhaus gab das schon lange nicht mehr; an der Stelle des Theaters stand seit 1874 die alte katholische Kirche, die aber ja auch schon nicht mehr da ist. Auf dem Paradeplatz durfte nur ab und zu mal eine Bude stehen und natürlich der Jahrmarkt. Der vergleichsweise junge Schiffbrückenplatz schließlich war noch lange kein ordentlicher Marktplatz geworden. In früheren Zeiten entwickelten sich die Märkte und ihre Plätze ja ganz von selber, auf natürliche Weise aus Angebot und Nachfrage. Nicht wie heute, wo die Obrigkeiten überall den Ort und das Maß des Geschehens bestimmen, statt bloß Möglichkeiten zu schaffen – aber das ist ein anderes Thema.

Welcher der beiden Plätze älter ist, der Altstädter Markt oder der Schloßplatz, das läßt sich wohl nur in der Entwicklungsgeschichte der Stadt nachlesen. Der Schloßplatz ist größer, eigentlich großzügiger als der Altstädter Markt neben dem Rathaus. Wer vom Norden her durch die Torstraße kommt, den Schloßplatz mit Schloßbrunnen und das alte „Schloß" vor Augen hat, der erkennt die Harmonie der ganzen Anlage. Rendsburger wissen natürlich, daß das Schloß gar kein's ist und in dieser Gestalt auch niemals war. Hier ist die Rede von dem HOSPITAL ZUM HEILIGEN GEIST, der Residenz von Rentnern und Pensionären. Das Gebäude begrenzt fast die ganze Südseite des Platzes.

Vor dem Gebäude stand früher der sogenannte Kartoffelmarkt, auf dem Obst und Gemüse angeboten wurde. Links davon, auf der nördlichen Seite zwischen Denker- und Torstraße, befand sich der Holz- und Torfmarkt. Und rechts, in dem Dreieck zwischen Schiffbrückenstraße, Pankokenstraat und Torstraße, da war der Schweinemarkt, eine Art kleiner Viehmarkt zu finden. Bekannt waren diese drei Teilmärkte unter dem überlieferten Sammelbegriff KORNMARKT.

Anbieter waren hier die Bauern aus der näheren und weiteren Umgebung. Vereinzelt kamen sie allerdings auch vom Schleswigschen her und von der Marsch. Sie verkauften direkt vom Wagen oder aus Körben, die davor aufgestellt wurden. Nur wenige besaßen richtige Verkaufsstände.

Das Treiben auf dem Kornmarkt war so lebhaft, wie man das heute auf dem Schiffbrückenplatz und in der Westecke des Schloßplatzes, vor dem COLOSSEUM, sonnabends beobachten kann; und doch war das ganz 'was anderes. Damals standen noch Pferdewagen und Gespanne mit auf dem Platz. Den Pferden hingen Futtersäcke vor den Mäulern oder sie hatten Bündel Heu vor den Hufen liegen. Die Käufer, viele Hausfrauen, kamen mit Kindern und Blockwagen oder Karren. Marktschreier waren zu hören, wie beispiels-

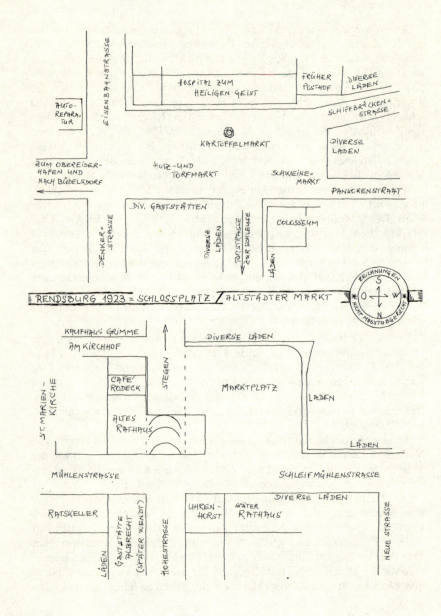

weise der billige Jakob, der auch in der Inflationszeit mit Recht so genannt wurde. Seine frechen Verkaufsgewohnheiten unterhielten und amüsierten alles Volk auf dem Platz.

Die Leute, Käufer und Verkäufer, kannten sich und nahmen sich Zeit für den Handel oder für 'n lütten Schnack. Man prüfte und probierte die Ware und redete lange um den Preis. Man scherzte miteinander und erzählte auch 'mal einen Witz. Und weil ja nicht immer die Sonne scheinen konnte, hatte mancher Bauer seinen Flachmann bei sich, an dem er sich wärmte und mit dessen Hilfe er manchen Kunden sozusagen schluckweise überredete; Nachschub war ja überall zu kriegen.

War die ordentliche Marktzeit vorbei, denn machten die Bauern Mittagspause in den Wirtschaften und Restaurants, diese Woche hier, vielleicht nächste Woche da. Vielleicht aber hatte man einen Stammplatz, zum Beispiel in Ohm's Gasthof an der Ecke zur Mühlenstraße, oder bei Hein Petersen in der Torstraße, der nebenbei Landmaschinen verkaufte, oder im Colosseum, wo gleich ein Ausspann dabei war und wo nebenan, in der Pankokenstraat, auch Schmiedemeister Haacks gerne die Pferde der verehrten Kundschaft vom Lande auf seine Art versorgte.

Wenn man sich jede Woche nur einmal sieht, denn gibt das ja immer viel zu erzählen, nicht bloß über den Markt. In den Wirtschaften waren die Gesichter der Gäste gerötet, von der Erregung am Gespräch über die Inflation oder über die vermalmedeite Politik, von der schweren Luft in der Gaststube – oder von dem langen Blick in das tiefe Glas. Zwischen den Stühlen und Tischen quälte sich die Bedienung, brachte Lütte und Halbe, brachte irgendwelche Tellergerichte, vielleicht das millionenbillige Stammessen, brachte danach wieder Halbe und Lütte und dazu – hier und da – nochmal eine schöööne Zigarre.

Nachher wurde noch 'was eingekauft. Da waren ohnehin immer 'ne ganze Menge Besorgungen zu machen und das Geld sollte man auch immer sofort wieder untergebracht werden. Man holte Gewürze von Emil Sye, Haushaltsgegenstände von Otto Möller, oder Lederwaren – hoffentlich gleich 'n ganzes Pferdegeschirr – von Sattlermeister Krabbes. Danach wurde denn aber angespannt, manch einer hatte noch 'n langen Weg vor sich und in Dustern mochte keiner nach Hause kommen.

Der Altstädter Markt dagegen liegt nicht bloß einfach neben dem Rathaus. Auf diesem *höchsten Punkt* der Altstadt kreuzt sich auch die frühere Hauptverkehrsader Mühlenstraße/Schleifmühlenstraße mit der Hauptgeschäftspassage HoheStraße/Stegen. Wie eh und je ist da jeden Tag allerhand

Betrieb, auch wenn man das mit dem Verhältnis früherer Tage gar nicht vergleichen kann. Nach dem ersten Weltkrieg wohnten und arbeiteten noch nicht so viele Menschen in der Stadt, aber HoheStraße und Stegen wurden auch zu der Zeit schon vom Fahrzeugverkehr freigehalten, das zeigt eine Bekanntmachung der Polizeiverwaltung:

> Der Fuhrwerksverkehr, auch der Verkehr mit Handziehwagen, hat sich ausschließlich auf die dafür bestimmten Fahrwege zu beschränken. Doch auch auf diesem können für gewisse Arten von Fuhrwerk oder gewisse Zeiten weitere Beschränkungen von der Polizeiverwaltung angeordnet werden. Von der Benutzung durch Fuhrwerk sind unter allen Umständen ausgeschlossen:
>
> 1. Alle Bürgersteige, Promenaden und sonstigen Fußwege, sowie diejenigen Wege, welche ein öffentlicher Anschlag als Reitwege bezeichnet.
>
> 2. Alle Wege oder Teile von Wegen, welche in üblicher Weise als „Gesperrt" bezeichnet werden, worauf zur Nachtzeit durch eine vor dem versperrten Wegteil aufgepflanzte Laterne hingewiesen wird.
>
> Das Radfahren in der HoheStraße ist verboten. Desgleichen der durchgehende Fuhrwerksverkehr. Die Straßenteile
>
> a) Stegenstraße vom Altstädter Markt bis an den Stegengraben, und zwar in beiden Fahrtrichtungen,
>
> b) die Straße Am Kirchhof vom Altstädter Markt bis an den Kirchhof, diese nur in Fahrtrichtung vom Altstädter Markt nach dem Kirchhof,
>
> werden für jeden anderen als den Fußgängerverkehr verboten.
> Auf die vorstehenden Bestimmungen der Polizeiverordnungen wird besonders hingewiesen. Übertretungen dieser Bestimmungen, die schon zu einer Belästigung des Publikums ausgeartet sind, werden in Zukunft nachdrücklichst geahndet werden.

Das Gedränge an dem Kreuzpunkt Altstädter Markt war immer ziemlich groß, besonders an Markttagen, denn zum Großeinkauf kamen die Leute sogar aus den umliegenden Gemeinden in die Stadt, mit Kind und Kegel. Und das war in aller Regel sonnabends; den Mittwochmarkt kannte man zu der Zeit neben dem Rathaus noch nicht.

Vom CAFÉ RODECK aus konnten Marktbesucher und Müßiggänger das Treiben auf dem Platz gewissermaßen aus der Vogelperspektive beobachten. Das Café lag an der Ostseite des Platzes, im Hochparterre, gleich rechts neben der Polizeiwache. Im Tiefparterre war Rodecks Wein- und Spirituosenhandlung (vorher Scheer). Unter den Fenstern des Cafés verlief die *Rennbahn* der Fußgänger und vor sich hatte man den vollen Überblick über den Markt. Ältere Leute schwärmen noch heute davon, wie sie in jungen Jahren bei Rodeck gesessen, genüßlich aus Tasse oder Glas geschlürft und in aller Gemütsruhe dem Hin und Her auf dem Markt und in den Läden ringsum zugeguckt haben:

Neben Rodeck war das Haushaltswarengeschäft von Schindewolf an der Südseite des Platzes, an der Ecke zum Stegen, die Apotheke, die sich bis heute ebenso an dem Platz gehalten hat wie daneben Bäcker Thode sein

Laden, den einmal die Revolutionäre ausräumten*). Dann Korbmacher Laubinger, der sich nicht klein machen wollte und deshalb auch Korb- und Kinderwagen verkaufte, wie sein Konkurrent Ahrens auf der Nordseite.

Laubinger war ein großer, sehnig hagerer Mann mit schneeweißem Zwirbelbart und flinken Augen hinter einer starken Brille – ovale Gläser im Nickelgestell, wie das so üblich war. Anscheinend hat ihn niemals einer ohne Schiffermütze gesehen. Noch im hohen Alter von nahezu achtzig Jahren stand er in dem Ruf, einer der besten Reckturner zu sein, unter den Senioren der Rendsburger Turnerschaft. Noch auf seine alten Tage heiratete er seine vergleichsweise junge Hausdame und soll mit ihr noch mehrere Kinder gehabt haben.

Neben Laubinger das Haus von Sattler- und Polstermeister Kaeselitz und anschließend – in der ein bißchen abgewinkelten Ecke zur Westseite hin – die Wild- und Geflügelhandlung von Kempert. Daneben in dem hübschen, alten Fachwerkhaus hatte Modder Jöhnk ihre Markthalle; die so gerne von den Marktfrauen besucht wurde und in der man 'mal schnell 'ne gute Tasse Kaffe oder 'n Teller heiße Suppe kriegen konnte. Im gleichen Haus der Barbiersalon von Holler, spärer Opa Jahnke, und da nebenan das Kolonialwarengeschäft der Brüder Albert und Hermann Schramm**). Die besaßen in der HoheStraße noch ein Geschäft – eine Filiale; an der Ecke zum Schiffbrückenplatz, links neben der Obst- und Gemüsehandlung von August Persiel.

Die Schramms hatten ein gutes Verhältnis zu ihrer Kundschaft, besonders Albert, der das Hauptgeschäft führte. Der konnte wohl nachempfinden, daß zwei-drei-vier Stunden Wege- und Einkaufszeit anstrengend sind, erst recht wenn man die Kinder mitschleppen muß. Wenn also die Hausfrauen, besonders Arbeiterfrauen, ihre Einkäufe gemacht und bezahlt hatten, denn wurden sie in die hintere Stube genötigt. Ganz umsonst durften sie sich da 'n bißchen was verpusten, bei 'ner guten Tasse Kaffee, 'n Stück Kuchen dazu oder Brot mit Marmelade, und 'ne Handvoll Buntschers für die Lütten. Klar doch, daß die immer wieder kamen –.

Das Korbwarengeschäft von Ahrens befindet sich ja heute noch an der Nordseite des Altstädter Marktes, links – an der offenen Front der Schleifmühlenstraße. Kinderwagen konnte man da kaufen; hochrädrige Fahrgestelle, in denen der Babykorb an dünnen Blattfedern aufgehängt war.

---

*) vergl. S. 61
**) vergl. S. 143

Lebens- oder gesundheitsgefährlich waren die Dinger nur, wenn man nicht richtig damit umging.

Ahrens waren übrigens nicht Handwerker, wie Laubinger, sondern Kaufleute, Wiederverkäufer. Frau Ahrens, die wohl hauptsächlich das Ladengeschäft machte, zeigte sich der Kundschaft gegenüber nachbarlich leger. Wenn sich das gerade so ergab, denn kam sie direkt von der Küche in den Laden, und während sie die Kundschaft mit *„Gut'n Tach"* und *„schön Wedder heude, näch"* begrüßte, trocknete sie sich gleichzeitig die nassen Hände an der vorgebundenen Schürze ab. Das war kein Grund Anstoß zu nehmen.

Die weiteren Läden rechts neben Ahrens waren Christiansen und Boese, beide mit Manufakturwaren, und zuletzt Uhren-Horst an der Ecke Hohe-Straße, die waren allerdings von Rodeck aus schon nicht mehr zu sehen. Und zwei weitere frühere Geschäfte in der HoheStraße waren auch nicht mehr zu sehen. Die sollen hier nur erwähnt sein, weil sich damit auch für Marktbesucher damaliger Zeit so manche Erinnerung verbindet: Das war einmal der Laden von Schuster Nommensen, Nummersen genannt; ein kleiner schmächtiger Mann, bei dem viel Kleinkram für das Schuhwerk gekauft wurde. Sein Laden war neben Café GOSCH. An der anderen Seite von Nommensen, gegenüber von Brodersen, da war der Handarbeitsladen der ältlichen Fräuleins Franzen und Raabe. Die Mädchen der Altstädter Schule kriegten den Laden immer wärmstens empfohlen, wenn sie was für die Handarbeitsstunde brauchten –.

Der Wochenmarkt auf dem Altstädter Markt war städtisch nüchtern, unpersönlich – könnte man sagen. Anders als auf dem Schloßplatz wurden hier sozusagen *veredelte,* das heißt weiterverarbeitete Produkte der Landwirtschaft angeboten: Wurst und Käse, Eier und Speck, Butter und Backwaren, Fisch und Gewürze. Marktschreier gab das auf dem Altstädter Markt schon lange nicht mehr. Die Anbieter waren eher Händler als Bauern, waren teilweise Kaufleute aus der Stadt und aus der Umgebung, die sich hier bloß einen zusätzlichen Stand hielten – in guten wie in schlechten Zeiten. Sie mußten ihre Ware selbst auch erst einkaufen, so daß die Preise auskalkuliert waren und man darüber gar nicht erst verhandeln brauchte. Auch wurde das Warenangebot in der Stadt durch diesen Markt nicht ergänzt, er war mehr eine Konkurrenz zu den bestehenden Geschäften. Und doch gab das drei Gründe, die ihn geradezu notwendig erscheinen ließen: Da war einmal seine zentrale Lage, weiter das gebündelte Angebot, und schließlich galt die Marktware immer als Frischware, was man in vergangenen Tagen gar nicht hoch genug bewerten konnte. Früher verstand man ja unter Frischware *direkt vom Feld* oder *direkt aus dem Wasser* usw. Heutzutage verwechselt man oft genug Frischware mit „Kaltware".

Die Anbieter vom Altstädter Markt saßen nachher nicht in den Wirtschaften 'rum, wie die vom Schloßplatz. Das hatten sie aber wohl auch nicht nötig, ihr Weg nach Hause war ja nicht so weit. Bloß vormittags setzten sich die Frauen gerne 'mal für 'n Augenblick in die Markthalle zu Modder Jöhnk, während ihre Männer lieber in die Wirtschaft von Fiete Albrecht gingen, links neben dem Ratskeller.

...IN DER KLEMME.

Der gezwungenermaßen rasend schnelle Geldumsatz, im Kleinen wie im Großen, und die zunehmenden Geld-„schein"-werte, das alles führte bloß zu einer „Schein"-konjunktur. Das war ein Luftballon, der gewiß irgendwann einmal platzen mußte.
Auf den Wertverlust des Geldes reagierten die Leute mit der *Flucht in die Sachwerte*. Eine goldene Uhrkette, ein Stück Land, oder was immer sie an lebenden oder toten, an beweglichen oder unbeweglichen Sachen für frei verfügbares Geld zusammenkauften, das behielt seinen realen Wert. Das war ein Stück Sicherheit für Zeiten noch größerer Not oder Sparkasse für denn, wenn die Zeiten 'mal wieder 'was besser werden sollten. Auch die Rodecks vom Altstädter Markt hielten sich an dies' Rezept.

Wie das bei ordentlichen Geschäftsleuten vereinzelt sogar heute noch üblich ist, so mußte damals auch bei Rodeck die ganze Familie im Geschäft mitarbeiten. Er machte das Weingeschäft, sie besorgte in der Caféstube das *Büffee* und paßte auf ihre hübschen Töchter auf, die in dem Laden bedienen mußten. Nachher denn, in ihrer knappen freien Zeit, da zeigten sie aber auch gerne, daß man nicht zu den armen Leuten gehörte. Sie legten sich Pferd und Wagen zu, einen Kutschwagen – versteht sich. Das Pferd war untergestellt im Stall von Bierverleger Wagner in der Wallstraße, schräg gegenüber von Elektra. Nun hatten die Rodecks aber verständlicherweise nicht genug Zeit für das gedachte Vergnügen. Die Stute wurde wenig bewegt, zu wenig – um genau zu sein. Das Tier war unzufrieden, es keilte schon aus sobald nur einer die Tür aufmachte. Bloß Krischan, der junge Bierkutscher, durfte 'rankommen. Die Damen Rodeck konnten also bald gar nicht mehr mit dem Pferd umgehen, und nun sollte Krischan sie auch noch kutschieren:
„... morgen Nachmittag um drei hols' uns mit der Kutsche von zu Hause ab, fährs' uns 'n bißchen nach Rotenhof zum Kaffeetrinken und nachher wieder zurück. Wir nehm' Euch dafür 'n Faß Bier extra ab, einverstanden?"
Der Kutscher war einverstanden; auf das Faß Bier kriegte er von Wagner 'ne kleine *Provischon* – und außerdem rechnete er natürlich mit einem ordentlichen Trinkgeld.
Die Fahrt verlief wie geplant. Schließlich aber waren sie wieder zurück und wie ein Herrschaftskutscher half Krischan die Damens beim Aussteigen. Als letzte stieg die ältere Tochter aus, die mit der Kasse. Krischan machte noch einen Extrabückling und hielt nun die Hand auf.
„Aber Krischan, was soll das denn?"

„Tja was – wolltest Du da nicht 'was 'rein tun? War Euch die Fahrt nicht gut genug?"

„Ach, Krischan – Mensch, nun mach doch bloß 'n Punkt. Guckst heute Abend 'mal bei uns 'rein und trinkst Dir 'n Bier auf'n' sonst. Mit Trinkgeld und so'n Kram woll'n wir man gar nicht erst anfangen."

Die Dame sprach's, drückte Krischan die ausgestreckte Hand und verschwand in der Haustür. – Nachher mußte sie sich denn wohl oder übel einen anderen Kutscher suchen.

Viele Leute wurden damals auf den Gedanken gebracht, daß die Arbeitgeber mit der Inflation das große Geld verdienten – an ihren Mitarbeitern natürlich; das dumme Gerede von der 2-Klassen-Gesellschaft, hier Arbeitnehmer und da Arbeitgeber, gibt das ja schon lange. Tatsächlich aber waren die Selbständigen ebenso von der Inflation betroffen wie andere Leute auch. Man bloß ihre Ausgangspositionen waren allgemein besser, weil sie ja noch zusetzen konnten, wo andere schon nichts mehr besaßen. Früher oder später gerieten sie aber doch alle in den Sog der Inflation und mußten aufgeben oder mindestens – mehr oder weniger – Federn lassen. Wie sonst sollte es den Bauern ergangen sein, die – bei fortschreitendem Wertverlust des Geldes – trotzdem mit dem Erlös ihrer Ernten über das ganze Jahr 'wegkommen mußten; wie den Handwerksmeistern, deren Rechnungen erst viel später bezahlt wurden; wie den Ladeninhabern, die schon mit dem Umsatzerlös von heute die Einkaufsrechnungen von morgen nicht mehr bezahlen konnten; wie den Fabrikanten oder anderen Unternehmen, die heute gerade noch die Löhne zu bezahlen vermochten, denen morgen aber schon das Geld für Rohstoffe oder andere Investitionen fehlte... In der Zeit der Inflation dürfte die Zahl der Unternehmensverkäufe, der Liquidationen, der Vergleiche und der Konkurse, geradezu unermeßlich gewesen sein. Ein gewiß nicht typisches, aber ein bezeichnendes Beispiel dazu liefert ein früherer Inhaber des LANDSKNECHT:

Schon von Anfang an ist in dem ältesten, noch erhaltenen Privathaus der Stadt eine Wirtschaft gewesen – wenn auch zeitweilig nur als Nebengewerbe. Es gibt wohl kaum einen Rendsburger unserer Tage, den es nicht gereizt hätte, wenigstens einmal neugierig hinter die schöne, alte Fachwerkfassade zu gucken, um sich denn – bei Bier oder Wein – irgend'was zu träumen von vergangenen Zeiten, die allerdings auch nur scheinbar immer 'n Ende besser waren als die eigenen Tage. In seiner jahrhundertealten Geschichte hat das Haus, mitsamt den Grundstücken – die dazu gehörten, viele neue

Besitzer gehabt und eben so viele verschiedene Namen getragen... 1885 verkauften die Sondergaardschen Erben das Haus an den Partikulier Hinrich Lütjens. Schon 1896 ließen sich dessen Erben als Eigner eintragen, die Witwe Margarethe Lütjens, eine geborene Rohwer, und Sohn Dr. Jakob Lütjens, Chemieingenieur in Hannover. Die verkauften das Haus ein Jahr später für vierunddreißigtausend Mark an den Rendsburger Gastwirt Hans Wohlers. Aber 1909, bloß zwölf Jahre später, war da schon wieder ein *Neuer* drin, diesmal der Gastwirt Johann Verdick mit seiner Familie. 1922 kaufte und 1923 verkaufte Christoph Tiemeyer das Anwesen. Anschließend durfte der Gastwirt Johann Schultz neuer Besitzer sein – auf knapp vier Jahre, denn schon 1927 gehörte der Besitz den Rohdes; die erst gaben der Wirtschaft den Namen LANDSKNECHT.

Ich weiß nicht genau, warum die Verdicks damals verkauften; ob vielleicht Frau Verdick tatsächlich nach Verbesserung suchte *) und sich von

---

*) Vergl. Seite 33

Tiemeyers vermeintlich hohem Kaufpreis blenden ließ, oder was sonst noch Grund gewesen sein kann. Schließlich hatte jeder in der Inflationszeit seine Schwierigkeiten und manche Leute waren alleine schon deswegen froh, wenn sich ein betuchter Käufer finden ließ. Tiemeyer kaufte

> ... *mit allem lebenden und toten landwirtschaftlichen- und Gastwirtschaftsinventar laut Verzeichnis, ausgenommen 1 Schwein, 10 Reihen Kortoffeln auf dem Spülfeld an der Untereider ...*

Die Ernte der Pachtländereien aber wurde dem Käufer, also Tiemeyer überlassen. Das Verzeichnis über das Inventar der Gastwirtschaft unfaßte

> *3 Tische, 12 Stühle, 5 Bänke, 1 Uhr, 1 Spiegel, 1 Schenkschrank, 1 Bierhahn, 2 Teebretter, 70 verschiedene Gläser, 2 elektrische Lampen und 2 Bilder.*

Heute würde das wohl nicht 'mal für den bescheidensten Anfang einer Wirtschaft ausreichen.

Tiemeyer bezahlte damals, im Juli 1922, sechshundertfünfzigtausend Mark. Der kräftige, untersetzte Mann, ein Witwer aus der Nähe vom Dümmer See (nördl. Osnabrück), muß wohl genug Geld gehabt haben. Schulden machte er jedenfalls erst 'mal noch nicht. Zusammen mit seinem neunzehnjährigen Sohn, wohl mit wenig Gepäck, dafür aber mit einer kleinen Herde erstklassiger, schimmelfarbener Reitpferde, so kam er in Rendsburg an; ein Mann mit viel – vielleicht zu viel Gemüt und weltfremd wie ein Kind.

Tiemeyer kam gleich in rechte Hände. Von der Krögerei verstand er nicht viel, aber da war denn ja Bierkutscher Krischan. Der hatte zwar auch nicht viel Ahnung von der Sache, aber gute Ratschläge, vor allem wenn sie seiner eigenen Tasche 'was einbringen konnten, die wußte er immer:

„Also, was die Rendsburger sind, damit mußt Du erst 'mal richtig warm werden, sonst komm' die gar nicht erst 'rein bei Dir. Am besten gibst Du Sonnabend oder wann ein' or'nlichen Einstand, so mit frei Essen und frei Trinken; aber nicht so knapp, sonst könn' sie ja nicht warm werden, siehs' wohl. Und den Sonntagmorgen, da gibst Du sie noch 'mal 'was auf'n sonst gegen den Nachdurst – und denn, solls' sehn, kleben sie bei Dir man bloß so auf die Stühle."

So lief die Sache denn ja auch. Krischan lieferte das Bier, brachte auch Köm und Likör, immerhin kriegte er ja *Provischon* von seinem Chef. Schlachter Paternoster durfte gleich wannenweise die Karbonade anliefern. Und denn, an einem schönen warmen Sonnabend-Abend im Juli 1922, da stieg das Fest. Das war ein rauschendes Fest unter kleinen Leuten, das vom Sommer an bis in den Mai dauerte, glatte zehn Monate, und denn war Christoph Tiemeyer pleite.

Nun darf man sich die Sache natürlich nicht so vorstellen, als ob die in der Schleifmühlenstraße bloß noch gesoffen – Verzeihung – getrunken hätten, nein – nein. Tiemeyer war bloß einfach warm geworden mit den Rendsburgern, und er war mehr nobler Freund als Geschäftsmann. Wenn ihm z. B. einer an Haus und Hof einen Gefallen tat, denn wurde der nicht in Geld, sondern in Essen und Trinken ausbezahlt, besser – als wenn er eine Rechnung geschrieben hätte. Und wenn sie abends in der Wirtschaft saßen, wenn sie richtig gute Stimmung hatten, wenn sie *in Form* waren, denn vergaß der Wirt öfter als nötig das Ankreiden.

Nicht jeder Ofen ist ein Dauerbrenner. Als die Wärme der Rendsburger zwischendrin 'mal 'was nachließ, da gab Krischan wieder guten Rat und Tiemeyer veranstaltete daraufhin ein Schlachtfest. Schon morgens um acht sollte die Kopfschlachterei losgehen – natürlich erst 'mal mit 'n ordentlichen Schluck zum Vorwärmen. Tischler Lange war dabei, Willi Mumm, einer von den Ferbers, Krischan, Hausknecht Rahn und der Wirt. Gegen zehn waren sie soweit: Das Schwein wurde aus dem Stall geholt. Nun hatten sie statt einer Axt aber man bloß 'n kleines Beil. Als das Tier nach dem zweiten Schlag immer noch nicht umfiel, statt dessen zum Gegenangriff überging, da erinnerte sich Lange denkwürdigerweise an seine Christenpflicht. Er holte die Bibel und eine Kerze. Aber gerade wollten sie in ihrem Suff mit der gotteslästerlichen Andacht anfangen, da platzte Tiemeyers Haushälterin dazwischen und machte der Sache ein Ende. Ein Hausschlachter wurde geholt und nun kam all'ns ins rechte Lot. Als abends die ersten Schlachtfestgäste nach Grützwurst schrien, da hatten der Wirt und seine Freunde gerade den ersten Rausch ausgeschlafen und stillten nun ihren Nachdurst. Indes lag aber auch schon der Hausschlachter unter dem Tisch.

Natürlich kriegte Tiemeyer auch Geld in die Kasse. An manchen Tagen sogar sehr viel Geld, denn die Gäste mochten ihn. Er war aufgeschlossen und immer fröhlich, das Geschäft lief gut. Und eigentlich hätte er trotz seiner noblen Art ganz gut zurecht kommen müssen, aber er erkannte einfach nicht den großen Geldwertunterschied zwischen heute und morgen. Die

Inflation war für ihn ein dunkles, drohendes Ding, mit dem er nichts anfangen konnte und deshalb nur hoffte, es möchte doch lieber an ihm vorübergehen. Das tat sie natürlich nicht – die Inflation. Und so verkaufte er zuerst ein paar von seinen Pferden, mit denen er als Gastwirt ohnehin nicht viel anfangen konnte, denn machte er Schulden. In der Reihenfolge sah die Entwicklung nachher so aus:

> Juli 1922 Hauskauf 650.000,— Mark   (6.300,— Gold)
> Inzwischen diverse Verkäufe aus Privatbesitz
> Nov. 1922 1. Hypothek 200.000,— Mark (150,— Gold)
> Jan. 1923 2. Hypothek 200.000,— Mark (65,— Gold)
> Mai 1923 Verkauf 36.000.000,— Mark   (4.000,— Gold)

Von dem Erlös aus dem Haus und Teilen des Inventars, da war z. B. auch ein großes Klavier dazugekommen, das er denn an Suhr in Ahrenstedt verkaufte, da hätte er gewiß noch 'n bißchen 'was übrig halten können. Weil die Inflation inzwischen aber vom Trab zum Galopp übergegangen war und er das Geld nicht schnell genug bei seinen Gläubigern ablieferte, deshalb langte das man gerade für seine Schulden. Nun stand er tatsächlich vor dem Nichts. Da waren wohl noch ein oder auch zwei Pferde da, aber der Junge Tiemeyer – der so lange still gehalten hatte – trennte sich nun von seinem Vater und nahm die Tiere mit.

Tiemeyers Niedergang machte die Runde. Und wie das in solchen Fällen üblich ist, hatten viele *dat all lang vörut sehn*, denn

> *anners kunn dat jo gar nich gahn,*
> *bi all de Superee un annern Kram.*

Seine Freunde allerdings ließen ihn nicht im Stich. Als sie hörten, daß er gerne wieder in seine alte Heimat zurück wolle, aber nicht fahren könne weil ihm das Geld dafür fehle, da zeigten sie sich nun ebenso nobel wie sie das von ihm kannten. Sie veranstalteten eine Sammlung. Dabei kam gerade so viel 'raus, daß er reisen und sich sogar unterwegs noch 'was zu essen kaufen konnte. Aber bevor er die Stadt verließ, gingen sie alle mit ihm zusammen in den Wartesaal am Bahnhof und genehmigten sich noch einen gemeinsamen Schluck auf den Abschied:
„Na – tschüs auch, Christoph, gute Reise und denn mach das man gut."

V. TEIL

VERÄNDERUNGEN

EINMAL SO ...

Nicht alle Leute lebten damals in Not. Von manchen wird sogar mit Recht behauptet, sie hätten auch noch an der Inflation verdient. Aber das waren Leute weit weg von dem Alltag in Rendsburg, das waren Spekulanten – die bei passenden Beziehungen zur richtigen Zeit am richtigen Platz die richtige Menge „Kleingeld" zur Verfügung hatten und denn auch noch die nötige Energie besaßen. All' das mußte übereinstimmen, sonst war da nichts mit dem Verdienen. Da mag sich nun jeder überlegen, bei wie viel Bauern, Handwerksmeistern, Ladeninhabern, Fabrikbesitzern und anderen Unternehmern, der reine Zufall diese Menge nötiger Übereinstimmung hergab. –

Besser sollte man von solchen Geschäftsleuten sagen und schreiben, die sich angesichts der allgemeinen Not und selbstverständlich um ihrer Unternehmen willen Gedanken machten, wie aus den bedrückenden Geldverhältnissen herauszukommen sei. Wie überall, so gab das auch in Rendsburg solche Bankleute, Kaufleute und Unternehmer. Ob die nun zuerst die Idee zu einer eigenen, sicheren Hilfswährung hatten, das weiß ich nicht. Immerhin gründeten sie im Oktober 1923 die sogenannte RENDSBURGER FESTMARK; Rendsburger – weil sie in dieser Stadt herausgegeben wurde, FESTMARK – weil sie in stabilem Goldwert abgesichert war. Während der Inflationszeit soll das die erste und einzige Festmark dieser Art im Reich gewesen sein; jedenfalls wird das von Lokalpatrioten behauptet.

Das mit der Festmark war eigentlich eine ganz einfache Sache. Da hatten ein paar Leute, Firmen und andere Einrichtungen, vielleicht auch die Stadt und der Kreis, ihr Geld zusammengekratzt und dafür Gold gekauft. Das deponierten sie bei einer Bank und die gab darauf erstmals am 26. Oktober 1923 sogenannte FESTMARKSCHEINE heraus. Jeder kriegte so viel Scheine, wie sein Guthaben in Gold ausmachte. Zur Erklärung schrieb das Tageblatt damals:

> Die von der Goldmarkkasse des Kreises Rendsburg heute herausgegebenen Gutscheine *) sind, wie wir erfahren, kein Notgeld, sondern für den inneren Verkehr bestimmte Gutschriftscheine der Konteninhaber der Rendsburger Goldmarkkasse.

Das war jedoch nicht ganz richtig erklärt, denn tatsächlich handelte sich das hier natürlich auch nur um eine Art Notgeld (Hilfsgeld). Es mußte ja neben der wohl zweifelhaften, aber immer noch offiziellen Papiermarkwährung stehen, und es wurde nach den Deckungsvorschriften für Notgeld abgesichert, nämlich in Gold. Da war nicht die unzuverlässig gewordene öffentliche Hand der Herausgeber, sondern die privatrechtliche Goldmarkkasse. Und es ist auch nicht ganz richtig, daß diese Gutschriftscheine *) nur für den inneren Verkehr herausgegeben wurden, sozusagen für Zahlungen von Goldklumpen an Goldklumpen. Schon am 27. Oktober 1923 kriegten beispielsweise die Arbeiter und Angestellten der Carlshütte ihre Löhne und Gehälter in Goldmark ausbezahlt, was dem Grunde nach aber nur gleiche oder darauf bezogene Festmarkscheine waren. Hier wurde nur einfach – ganz realistisch – die Vertrauenerweckende Goldwertsicherung betont.

Das Rendsburger System hätte gewiß Schule machen können, aber es kam zu spät, wurde von der Rentenmark überholt. Die setzte dem hoffnungsvoll begonnenen Leben der Rendsburger Festmark ein stilles Ende – nach acht Wochen schon.

---

*) Festmarkscheine

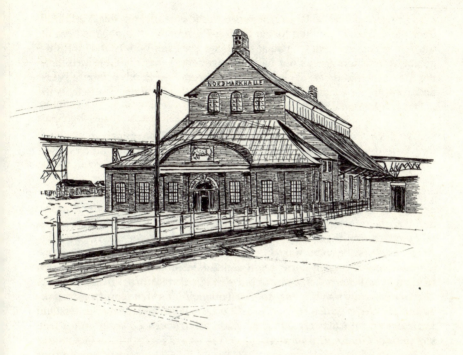

Das die Papiermarkwährung früher oder später zusammenbrechen mußte, darüber gab das keinen Zweifel. Durch den verlorenen Krieg waren die Reserven des Staates und der Wirtschaft erschöpft. Weiter abwärts mit Deutschland ging das durch die Gebietsabtretungen, mit denen das wirtschaftliche Rückgrat des Reiches noch mehr geschwächt wurde. Politische Unruhen im Lande störten den neuen Anfang. Der öffentliche Haushalt verluderte immer mehr. Um die Fehlbeträge auszugleichen, wurden einfach immer mehr Geldscheine in immer höheren Werten gedruckt, für die das denn aber keine Deckung gab. Streitereien im Reichstag und die Uneinigkeiten in den schnell wechselnden Reichsregierungen verhinderten eine klare Haltung gegenüber den Forderungen der Siegermächte. In der Entente erwiesen sich die Franzosen als geradezu bösartig; aber die hatten das ja auch leicht, bei solchen Verhältnissen gegen jeden Einigungsversuch zu arbeiten, der nicht gleich ihre weit übertriebenen Forderungen blindlings anerkannte. Es kam zu der gewaltsamen Besetzung des Ruhrgebietes, die vielen Menschen noch viel

Leid bringen sollte. Die Rheinzollgrenze wurde eingerichtet. Für Ausfuhren über diese Grenze mußten fortan fünfzig Prozent Ausfuhrabgabe bezahlt werden. Es kam zu dem vom Staat bezahlten, passiven Widerstand im Ruhrgebiet, der seinen Zweck nur halberlei erreichte, aber die Geldwirtschaft des Staates – und damit die Papiermarkwährung – vollends ruinierte. Veränderungen, notwendige Reformen ließen sich also nicht mehr aufschieben.
Die Rentenmark wurde geschaffen.

Eigentlich müßte hier nun die Besonderheit der Rentenmark an sich und ihre Gründungsgeschichte beschrieben werden, aber das würde an dieser Stelle gewiß zu weit führen. Deshalb nur ein paar kurze Hinweise für solche Leser, die das gerne ein bißchen genauer haben möchten:
Mangels besserer Möglichkeiten wurde die Rentenmark gedeckt, d. h. abgesichert über eine bis 1929 laufende Grundschuld in Höhe von vier Prozent des Wehrbeitragswertes auf den gesamten deutschen, landwirtschaftlichen und industriellen Besitz. Dem Zugriff waren auf Gold lautende, verzinsliche Rentenbriefe (daher Rentenmark) vorgeschoben. Ausgegeben wurde die Rentenmark von der eigens dafür gegründeten Rentenbank. Das Kapital ergab sich aus hypothekarischen Belastungen über alle Bereiche der Volkswirtschaft. Die Geldausgabe war begrenzt auf zweieinhalb Milliarden Rentenmark, und zwar je zur Hälfte an den Staat und an die private Wirtschaft. Diese Begrenzung setzte den ersten Kurswert des neuen, nicht gesetzlichen Zahlungsmittels fest auf 1:1 der Goldmarkwährung.

Was die Rendsburger eben noch auf kleiner Ebene mit der Festmark probierten, das machte der Staat nun im Großen – so könnte man fast sagen. Aber der Hintergrund der Rentenmark war natürlich ein viel komplizierteres System – und es war riskant. Wenn die Sache nämlich schief gegangen wäre, wie so viele Leute damals prophezeit haben, denn wäre das die absolute Pleite gewesen, der Bankrott unseres Staats- und Wirtschaftswesens überhaupt. Das hätte uns mindestens über viele Jahrzehnte das fremdländische, vielleicht sogar das französische Kuratel eingebracht, die Zwangsverwaltung. –
Umgetauscht wurde im Verhältnis 1:1 Billion. Damit war die Masse des alten Geldes weg. Sie wurde noch kleiner dadurch, daß erst die Rentenbank und später die Reichsbank nicht bereit waren, auch nur einen Pfennig mehr als vorgesehen in den Umlauf zu geben.
Mit der Rentenmark nahm die Zeit des knappen Geldes ihren Anfang, Die führte schnurstracks in die Rezession, in einen wirtschaftlichen Rückgang ohnegleichen. Dazu noch wurde mit der Steuernotverordnung

vom Februar 1924 alle privaten und öffentlichen Schulden a u f g e w e r t e t.
Über Schuldner brach damit die Katastrophe herein, denn das Schuldner-Gläubiger-Verhältnis war nun wieder umgekehrt*), sozusagen normalisiert. Aber die Gläubiger konnten sich darüber auch nicht freuen. Das Ergebnis der Aufwertung kassierte der Staat mit Hilfe neuer Steuern. Das kostete der privaten Wirtschaft unermeßlich viele untere und mittelständische Existenzen, ließ sie förmlich ausbluten, und das bescherte dem Staat wiederum schlagartig mehrere hunderttausend Arbeitslose extra. Das war ein Ende mit Schrecken, was allerdings immer noch besser ist als ein Schrecken ohne Ende, und denn war das ja auch die letzte Chance für einen neuen, friedlichen Anfang. –

Um die Entwicklung einmal in einem Bild unserer Tage zu erklären: Das war, wie wenn ein Autofahrer die Autobahnausfahrt zu spät erkannt hätte und nun mit einer Schnellbremsung vor der Kurve zu retten versuchte was noch zu retten war. Der Wagen, das Wirtschaftsgefüge, schleuderte hin und her. Die Federn krachten, es gab Vergleiche und Konkurse sogar bei Großunternehmen und Kapitalgesellschaften. Mit Bremse, Zwischengas und Gegensteuerung (Notverordnungen) glückte es endlich, die Fliehkraft des Wagens abzufangen. Finanzminister Luther, der Fahrer, hatte den Wagen schon wieder fest in der Hand, aber die übrigen Insassen waren immer noch wie gelähmt. Und denn wurden sie plötzlich munter. Da wollten welche nicht mehr mitfahren und andere verlangten nach einem anderen Fahrer. Man bloß – in der Autobahnausfahrt gilt das absolute Halteverbot. So mußten sie alle sitzen bleiben, mußten sich beruhigen, tief durchatmen – und denn fanden sie auch schon Gefallen an der ruhigeren Fahrt auf der Landstraße, obwohl das Pflaster noch 'n ganzes Ende weit ziemlich gelöchert und holperig war.

Schon in der Inflationszeit, aber noch viel mehr nach der Währungsreform hatte man in Rendsburg viel Not mit der Not der Arbeitslosen. Um nun auch weiterhin Notstandsarbeiten anbieten zu können, beschäftigte man sich mit dem äußeren Bild der Stadt. Hatte doch schon 1919 ein verständlicherweise ungenannter Zeitungsleser geschrieben:

---

*) Vergl. Seite 135

> ... Rendsburg ist eine notorisch häßliche Stadt. Die Altstadt ist völlig verbaut, Neuwerk und Paradeplatz sind ein Muster dafür, wie man es nicht machen sollte. Das Kronwerk ist vorne eingeschnürt und hat im Rücken — als „Anziehungspunkt" — die Fockbeker Chaussee. Die Königskoppel zeigt buntscheckige, charakterlose Bebauung. Zügig angelegte Hindenburgstraße, jedoch belastet mit dem Überbleibsel der Kleinbahn.

Der das geschrieben hat war vermutlich kein Rendsburger, oder er kannte die Jahrhunderte alte Entwicklungsgeschichte der Stadt nicht. Rendsburg ist schließlich eine in mehreren Entwicklungsstufen, von verschiedenen Generationen mit jeweils eigenen Auffassungen, und nach ihren geologischen und geografischen Möglichkeiten zweckbestimmt entstandene Stadt. Das sind 'ne ganze Menge Bedingungen, deren Ergebnis man selbstverständlich nicht nach dem Erkenntnisstand der Gegenwart beurteilen darf. Im übrigen wäre das ja wohl 'n bißchen viel Aufwand, wenn man bei schnell wechselnden Erkenntnissen jedes Mal die halbe Stadt abreißen und ihr ein neues Gesicht geben wollte; wenn das auch manchem Stadtplaner gewiß bequem in den Kram passen würde.

Die Rendsburger Stadtväter unserer Tage sind ja gerade dabei, sozusagen die ganze Stadt umzukrempeln. Ich mein', diese *Stiefväter* machen sich die Sache ziemlich leicht. Außer 'ner deftigen Portion Ignoranz braucht man ja nicht viel, um unsere früher 'mal so unerhört vielseitig reizvolle Kleinstadt in stupide Uniformität zu bringen, ganz nach dem Beispiel anderer *Auchnicht-Besserwisser*.

Es ist ja keine Kunst, alte, gewachsene Baubestände anscheinend systematisch verkommen zu lassen um denn zu sagen, das seien Slums, die man schon deshalb abreißen müsse; und auch das ist keine Kunst, historische Bauten oder Baudenkmäler, ja – ganze Stadtviertel abzureißen, um sie denn durch eher modische als moderne Geschmacklosigkeiten zu ersetzen; und schließlich braucht man auch bloß 'n klein' bißchen Kleingärtner-Akkuratesse und überflüssiges Geld in der Kasse, um natürlich-idyllische Anlagen in Waschbeton zu zwängen.

Hier sollen keine Mißverständnisse aufkommen: Mit diesen Hinweisen ist nichts, rein gar nichts gegen zeitgemäß notwendige Veränderungen gesagt. Jede Generation hat das Recht und die Pflicht, ihren Lebensraum nach

Bedarf zu formen. Nur leben ja immer mehrere Generationen zugleich in so einer Stadt, und das Wort „formen" heißt doch noch lange nicht *abreißen oder vernichten um jeden Preis*. Wer das trotzdem nicht nachlassen kann – das Abreißen, der sollte wenigstens viel, sehr viel Gespür haben für Heimatgefühl, für Geschichte und Überlieferung. Ohne das auch sichtbare Vermächtnis der Vergangenheit haben Gegenwart und Zukunft keine Wurzeln mehr. Ich fürchte, der Rendsburger *Rat der Weisen* hat keine hinreichende Philosophie, kein umfassendes Gedankengut entwickelt, um beim Umkrempeln der Stadt den allseitigen Bedürfnissen aus der Vergangenheit, in der Gegenwart und für die Zukunft gerecht werden zu können.

Wie gesagt, auf der Suche nach Lösungen für das Arbeitslosenproblem beschäftigte man sich damals viel mit dem Erscheinungsbild der Stadt. Ein 'was lang gewordener Leserbrief, leider auch ohne Namensangabe, macht das besonders deutlich:

Ein Projekt

Man schreibt uns: Daß unser Jungfernstiegbecken mit seinen Schlammassen schön ist, wird auch ein Optimist nicht behaupten, ebenso wenig wie man erfreut ist, wenn man den weiten Umweg über die weiße Brücke machen muß, um vom Neuwerk nach Kronwerk zu gelangen, weil ein Dreckloch dazu zwingt. Ja — warum ändert man denn das nicht?

Wäre das doch ein Anlegeplatz für Schiffe, aber das ist doch nicht der Fall. Rendsburg hat ja viel zu viele Anlegeplätze. Darum sieht es ruhig zu, wie der Untereiderhafen allmählich zuschlickt, und überläßt es getrost dem Nautischen Verein, dagegen zu protestieren. Es ließe sich wohl mit erreichbaren Mitteln etwa bei der Altstädter Schule ein Damm errichten, der den toten Eiderarm absperrt. Dadurch könnte man entweder das dahinter liegende Bassin stets mit Wasser gefüllt halten oder, wie den alten Mühlengraben beim Bahnhof, austrocknen lassen. In der jetzigen Zeit sind viele Väter arbeitslos und wissen wirklich nicht, wie sie mit der niedrigen Unterstützung auskommen sollen. Wenn sie nur etwas mehr bekommen würden, würden sie sicher bereit sein, diese Notstandsarbeit auszuführen. Deshalb würden die Kosten nicht unerschwinglich sein. Die Vorteile liegen auf der Hand: 1. In sozialer Hinsicht würde vielen Familien die Sorge um das tägliche Brot gemildert werden. 2. In wirtschaftlicher Hinsicht wären die Verkehrsverhältnisse bedeutend verbessert. 3. In gesundheitlicher Hinsicht wäre ein Doppeltes erreicht: Das im Sommer durch seine Ausdünstung bekannte Schlammfeld wäre verschwunden und an dessen Stelle in Verbindung mit Jungfernstieg, Schlangenallee, Kindergarten und Garten bei der Artilleriekaserne eine Anlage geschaffen, die man getrost die Lunge der Stadt nennen könnte. Sie würde zur Gesundheit der Bevölkerung wie zur Schönheit des Stadtbildes ihren nicht geringen Teil beitragen. Zweifellos würde es jedem Gärtner ein Vergnügen sein, in dem Becken unter Ausnutzung der gegebene Höhen- und Tiefenverhältnisse wirklich Schönes zu schaffen...

In diesem Zusammenhang erinnere ich mich an eine Begebenheit, die mir erst dieser Tage ein alter Rendsburger erzählte: Noch im Halbstarkenalter waren sie vor dem ersten Weltkrieg den Jungfernstieg längs gegangen und dabei mit einem Soldaten zusammengetroffen, dessen Pickelhaube nicht mehr ganz gerade saß. Der Mann hatte blank gezogen. Er grölte auf der Straße 'rum und schwang seinen Säbel gegen einen Haufen Feinde, die sonst kein Mensch sehen konnte. Die Jungs hatten natürlich Angst da vorbei zu gehen – bis auf einen. Der trat hinter den Soldaten,

„greep em bi 'n Mors un Krag un smeet em een – twee – dree in den Jungfernstieggraben, mit de Been toeerst 'rin in den Schiet. Un denn hebbt wi vergnögt tokeken, wi he sik dar wedder 'rutkrabbelt hett."

Das Projekt nach dem Brief des unbekannten Zeitungslesers ist tatsächlich verwirklicht worden, aber erst viel später und nicht von Notstandsarbeitern. Liekers hatten sie damit zu tun. Die durch das Eiderbett auflaufende Flut spülte damals noch jeden Tag zweimal allerhand Dreck in die Gräben der Stadt, auch in den breiten Jungfernstieggraben. Sie führte bei Sturm sogar zu Überschwemmungen; in der Schleuskuhle, auf der Bleiche, in der Schlangenallee usw. Was bei einsetzender Ebbe zurückblieb, das war ein zäher, fauliger Schlamm, der – wenn er nicht bald abgeräumt wurde – besonders bei warmem Wetter ziemlichen Gestank verbreitete. Notstandsarbeiter haben den bei Ebbe trockenen Wasserlauf gereinigt und teilweise sogar ausgehoben. Das war natürlich ein Stück Verschönerung der Stadt.

Dieser schon damals mehr oder weniger stillgelegte, aber beileibe nicht *tote* Arm der Untereider, der Jungfernstieggraben, hat ja schon immer große Anziehungskraft gehabt:

Man denke einmal an die alte *Schlangenallee*, die an dem Becken längs führte, von der Bleiche bis um den Gymnasiumberg 'rum. *Am Gymnasium* hieß die Fortsetzung zwischen der Schule und dem *Jungfernstieg*. Ein paar mäßig verschnörkelte Bürgerhäuser standen da, eng aneinandergerückt und mit Blick nach Süden, über das Jungfernstiegbecken 'weg bis nach dem *Kindergarten*. Man wird sich erinnern, daß in einem dieser Häuser *Mertens*

Photographische Anstalt zu finden war; ein kleines Attelier, in dem Erinnerungs- und Familienfotos gemacht wurden, vom „Kleinkind auf Schafsfell" bis zum „Rauschebart mit Zwicker". Mertens hat unter anderen auch viele Stadtbilder geschossen, aber – merkwürdigerweise – war anscheinend kein's dabei von dem Panorama vor seiner Haustür.

Da war links Lamichs Pavillon mit Kurzwaren und Damenmoden. Die Bude saß wie eine dicke Klucke auf den breiten, steinernen Stützen, die sie über Wasser hielten. Im Hintergrund die Bahnhofstraße, links postiert von dem Gebäude der Spar- und Leihkasse, rechts postiert von dem hellen, in Stuckwerk und Stil der Gründerzeit strahlenden Greens Hotel. Daran anschließend die Ostseite des Jungfernstiegs mit der Schleswig-Holsteinischen und Westbank, der alten, denkmalwert gewesenen Feuerwache, der Saarschen Mühle, das Clemensche Haus, Deutsches Haus und – vor dem EVM – Strietzel und „Timm Heinerich". Den Paradeplatz konnte Mertens von seinem Haus wohl nicht mehr sehen, die Bäume der breiten Fußgängerallee auf der Westseite des Jungfernstiegs versperrten ihm die freie Sicht.

Wer erinnert sich nicht an die schönen Sonnentage, wenn anscheinend alle Welt in der Allee flanierte, im gediegenen Sonntagsstaat, mit Kind und Kegel. Da zog man noch voreinander den Hut und behielt ihn respektvoll in der Hand, während man sich – in ausgesuchter Ausdrucksweise – mit anderen Passanten unterhielt. Kleine Mädchen machten noch ihren höflichen Knicks und wurden dafür gelobt. Jungs dagegen wurden mit einem gezogenen
„Naaa!?"
zum Diener gemahnt und dafür mit einem kräftigen, gewollt kumpelhaften Händedruck belohnt. Wenn gerade Jahrmarktzeit war und in der Allee lauter Buden standen, links und rechts bis zum Paradeplatz hin, denn wechselte auch schon 'mal 'n Groschen in die Kinderhände, begleitet von einem allzu auffälligen Zwinkern dahin, wo sonst unerreichbar weit bunte Zuckerstangen hingen und gebrannte Mandeln so herrlich dufteten. Ja – und wer erinnert sich wohl nicht an die lauschigen Abende, wenn man selbst in jungen Jahren durch die Allee flanierte, 'n paar zünftige Kumpels dabei oder – viel schöner noch – 'was angenehm Zartes, Anschmiegsames, Verheißungsvolles am Händchen, in Vorfreude auf den Süßen, den man 'n Ende weiter zu kriegen hoffte, irgendwo in einem dunklen Winkel des Kindergartens.

Die Passanten, die über den Jungfernstieg und durch den Kindergarten gegangen waren, die kamen über die weiße Brücke und denn auf der Westseite des Beckens wieder zurück. Da waren die hohen Bäume, hinter denen sich dennoch das große, stolze Gebäude des Gymnasiums nicht verbergen konnte, rot und mit vielfältigem Zierrat in Backstein.

Als später der Eiderlauf vor dem Gezeitenstrom abgeschnürt war, da wurde aus dem Jungfernstieggraben ein Bassin, ein See. Trauerweiden säumten die Alleeböschung und auf dem Wasser schwammen kleine Inseln von grünen Blättern, geziert mit den weißen Blüten der Wasserlilien. Wie vergessenes Buschwerk standen hier und da kleine Büschel von Schilf, zwischen denen bunte Enten und schwarze Düker hin und her schwammen, ihre Jungen in Reih' und Glied hinterher. Palisadenartig aneinandergereihte, bis in Höhe der Grasnarbe eingerammte Pfähle schützten die Ufer. Hier und da standen Muttis und Vatis, die ihre Kinder Brotkrümel ins Wasser werfen ließen. Die Lütten krähten vor Vergnügen, wenn denn das Entenvolk hastig angeschwommen kam und — im Streit um die größeren Krümel — schnatternd miteinander stritt. Dämmerstunde, Abendfrieden, wenn sich das Gefieder über die spiegelblanke Wasserfläche hinweg in sein großes, sicheres Haus zurückzog mitten im See. — Diese Idylle ist inzwischen durch die Nord-Süd-Autostraße verdorben. Und als Tüpfel — nein als häßlicher Klecks über dieser nicht hinreichend zweckerfüllenden Absurdität, präsentiert sich schon jetzt der nächste Fremdkörper in Beton. Das neue Rathaus an der Stelle des alten Gymnasiums.

Natürlich haben die Stadtväter damals nicht bloß nach dem Jungfernstiegbecken geguckt. Neben den großen Planungen waren auch Flickarbeiten zu bedenken. Um nur ein Beispiel zu nennen: Immer wieder beklagten sich die Anwohner der Gerhardstraße und der Reventlowstraße darüber, daß da bei Regen die Bürgersteige überschwemmt seien. So 'was mußte doch 'mal gemacht werden und da kamen die Arbeitslosen, die Notstandsarbeiter, gerade richtig.

Da mußte Geld in die freie Wirtschaft fließen. Schon weit voraussehend trieb Bürgermeister Timm die Grundstückskäufe voran, hauptsächlich im Süden und im Norden der Stadt. Er handelte sich damit viel Kritik ein, auch von so manchem wortgewichtigen Kaufmann. Auf beiden Seiten wurde manches gesagt und getan, was man besser nachgelassen hätte. Aber nicht 'mal Bürgermeister Timm hätte damals ahnen können, wie bald schon die Stadt diese Grundstücke nötig haben sollte. —

Die Wirtschaft mußte wieder angekurbelt werden. An der NeueKielerLandstraße (heutige KielerStraße), vor der Eider-Enge, baute man die erste, ordentliche Freibadeanstalt der Stadt. Das war eine Brückenanlage

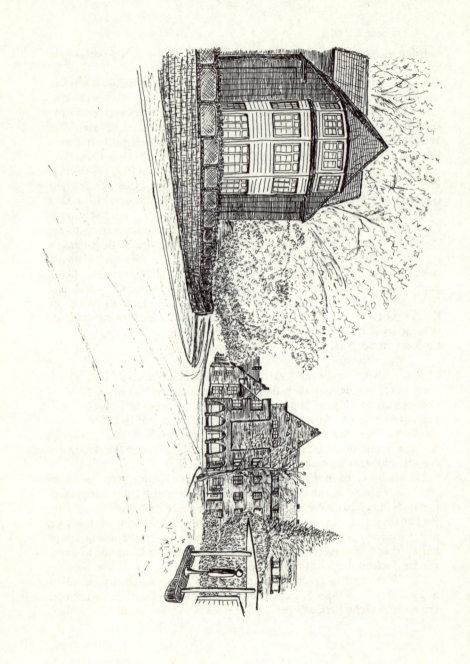

in U-Form, aus Holz und mit aneinandergereihten Kabinen. Alle Flächen daran waren schwarz gestrichen bzw. geteert und die Handläufe leuchteten in schönstem Weiß. Der großartige Sportplatz an der Nobiskrüger Allee, für damalige Verhältnisse schon fast ein Stadion, er kriegte langsam Gesicht. Und auf der Königskoppel zum Beispiel wurden die Häuser der Bismarckstraße und der dahinter liegenden Straßen weitergebaut. Auf dem Reißbrett entwickelte sich schon langsam die Mittelschule. —

Aber auch an anderen Plätzen tat sich bald wieder 'was. So wurde im Januar 1924 die Schleswig-Holsteinische Elektrizitätsgesellschaft gegründet, die spätere Stromversorgungs AG, heutige SCHLESWAG. Die Werften und andere Firmen konnten nach und nach wieder gute Aufträge 'reinholen. Auf der Hütte mußten sie sogar den Neunstundentag wieder einführen, weil sonst die Liefertermine nicht zu halten waren. Aber der Achtstundentag, den die Sozialdemokraten 1918 wohl zur falschen Zeit durchgesetzt hatten, der war bei den Leuten sowieso nicht ganz verstanden worden. Der Streit darüber ging durch alle Berufsgruppen. Das sagt doch schon 'ne ganze Menge, wenn ein nicht gerade hoher Beamter schrieb:

> ...ich meine, daß bei dem Wiederaufbau durch Mehrarbeit usw. keiner eine Ausnahme zu machen Berechtigung hat.

Damals fühlte man sich dem Staat verpflichtet, heute nimmt jeder den Staat in die Pflicht. Die Beamtensessel wurden ja nach Einführung der Rentenmark schon fast gewaltig abgebaut. Dadurch war auch im öffentlichen Dienst der Achtstundentag gar nicht mehr zu halten.

Und die Löhne?

Naja, mußten die Leute vorher jeden Tag sehen, wie sie ihre Millionen, Milliarden und schließlich Billionen ganz schnell wieder an den Mann brachten, so war die Sache nun mit'n'mal umgekehrt. Sie mußten wieder mit dem Groschen rechnen und daher jeden Pfennig vor dem Ausgeben *dreimal in der Hand 'rumdrehen*. Wieviel nun allgemein verdient wurde, das kann ich leider nicht genau sagen. Aber die Arbeiter der Stadt, die zu der Zeit ja immer noch 'n bißchen 'was schlechter bezahlt wurden als and're Leute, die kriegten jetzt diese neuen Stundenlöhne:

Gelernte = 45 Pfennige ⎫ *weibliche Arbeiter*
Angelernte = *39 Pfennige* ⎬ *jeweils 70%*
Ungelernte = *36 Pfennige* ⎭ *dieser Sätze*

Und damit auch weiß, was die Leute davon wieder ausgeben mußten, hier ein paar Vergleichspreise dazu:

Für je ein Pfund		
Margarine	*ab*	*55 Pfg.*
feiner, weißer Zucker	*ab*	*40 Pfg.*
dicker Syrup	*ab*	*40 Pfg.*
Itzehoer Kunsthonig	*ab*	*40 Pfg.*
reiner Bienenhonig	*ab*	*1,30 Mark*

Schlachter Heitmann velangte damals für das Pfund

gutes, fettes Rindfleisch	*ab*	*65 Pfg.*
Rouladen	*ab*	*1,10 Mark*
Beefsteak	*ab*	*1,20 Mark*

Bei August Persiel standen auf der Tafel

Blumenkohl	*Kopf*	*60 Pfg.*
junge Erbsen	*Pfd.*	*35 Pfg.*
junge Wurzeln	*Bund*	*60 Pfg*
große Gurken		*50—60 Pfg.*
lange Kartoffeln	*Pfd.*	*15 Pfg.*
	5 Pfd.	*70 Pfg.*

...UND EINMAL SO.

Weil sie in der Inflationszeit und auch nach der Währungsreform immer in Arbeit standen, kamen die Mumm's wenigstens äußerlich ganz gut über die Runden. Sorgen hatten sie eigentlich nur einmal gehabt. Das war im Mai 1922, als auf der Hütte ein Großfeuer das Warenlager und die Verladehalle ganz und gar vernichtete. Das war Willi sein Arbeitsplatz. Tatsächlich schickten sie ihn auch den nächsten Tag erst 'mal wieder nach Hause, aber abends kam schon einer vorbei und sagte Bescheid, daß sie nun alle Mann aufräumen und bei den Bauarbeiten mithelfen sollten, wenn da sonst keine Arbeit wäre. Willi behielt also seine Arbeit und Anna konnte beruhigt auf den nächsten Lohntag warten.

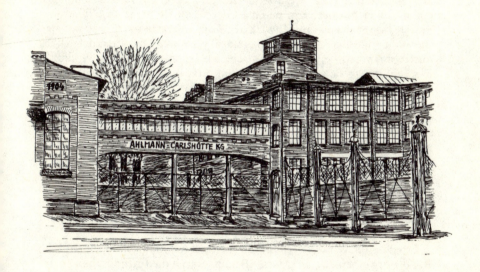

Das Verhältnis zwischen Mutter und Sohn hatte sich inzwischen nur so weit verändert, als das schon vorher abzusehen war. Mittlerweile zwanzig Jahre alt, überragte der Junge seine Mutter um bald zwei Köpfe, gerade so wie früher sein Vater. Und so wie der hatte Willi nun auch das Kommando in der kleinen Familie übernommen — nicht die Führung, diesen feinen Unterschied mußte man schon sehen. *He weer 'n richtigen Hein Grootschnut woarn, lustig un vergnögt, aber jümmers mit de groode Schnut und den dicken Kopp vörrut. Wenn em een torecht stöten wull, denn reck he sick — so groot as he weer — in de Höch un krempel de Arms hoch — ja, un denn heel'n de annern de Schnut.* Gewiß, das funktionierte nicht überall so glatt. Irgendwo findet jeder mal einen Meister, vor dem er einen Bückling machen muß. Aber das kommt ja nicht auf den Bückling an, sondern darauf, daß man sich einordnet, dazugehört und sich trotzdem behauptet ohne sich dabei 'was zu vergeben. Und eben das verstand Willi nicht; nicht zu Hause, nicht bei der Arbeit und auch nicht bei seinen Freunden, wenn das überhaupt welche waren.

Anna kam nicht gegen den Jungen an, sie versuchte das auch schon gar nicht mehr. Er war eben wie sein Vater. Sie kam gut mit ihm aus, so lange alles nach seiner Nase lief, aber er fing an zu brüllen, sobald sie ihn auf einen Fehler aufmerksam machte oder wenn sie nicht so wollte oder konnte, wie er sich das nun 'mal in den Kopf gesetzt hatte. Genau besehen war ihr Verhältnis zu Willi wie das eines vertrauten Dienstmädchens. Sie durfte ihn versorgen, durfte ihn schier machen und aufpassen, daß er morgens aus'm Bett und pünktlich zur Arbeit kam. Sonst aber ging er seiner Wege und ließ sich auch mit guten Worten in nichts, in gar nichts 'reinschnacken. Ihre Unterhaltungen kamen nicht über den Alltagskram 'raus. Natürlich spürten sie beide, daß in ihrem Verhältnis irgend'was nicht in Ordnung war. Bloß hatte Mutter Anna nicht die Kraft, da 'was an zu drehen, und ihr Sohn fand nicht den richtigen Schlüssel dazu.

Willi Mumm war nicht etwa gefühlsarm. Eigentlich hing er sogar an seiner Mutter, bloß konnte er das nicht zeigen, jedenfalls nicht so, wie er das manchmal — richtig neidisch bei anderen Leuten beobachtete. Wenn er aber tatsächlich 'mal einen Versuch unternahm, denn sah das ziemlich unbeholfen aus und er merkte selber, daß da noch 'was fehlte — aber was denn bloß.

Das war im Winter 1923/24, da feierte die katholische Gemeinde in Rendsburg einen *Tag der Mutter.* Bei uns waren die Katholischen zu der Zeit noch eine unbedeutende Minderheit und hier — bei den Evangelischen — so schief angesehen, wie das in anderen Gegenden umgekehrt war. Trotzdem, das mit dem Tag der Mutter hat viele imponiert. Pfarrer Hülster, die Katholischen können ihren Pastor ja nicht „Pastor" nennen, der katholische Pfarrer also hatte gesagt,

„...das stille, selbstlose Wirken der Mutter muß auf den Leuchter gehoben und wieder in das Bewußtsein der Menschen gebracht werden."

Nun ja, das ging Willi ein, er fühlte sich angesprochen. Was da sonst noch gesagt wurde,

„... Der Ruf nach der Mutter geht durch die Lande. Der Bankrott der modernen Erziehung ist offenkundig. Nur die christliche Mutter kann uns retten",

das interessierte ihn nicht weiter, damit konnte er nicht viel anfangen. Aber die Mutter ehren, sich ihr dankbar erweisen, das war 'was.

Gleich den nächsten Tag, auf 'm Weg von der Arbeit, besorgte er einen Blumentopf — eine *Azalie*, und dazu 'ne Tüte saure Buntschers. So 'was mochte seine Mama gerne. Unterwegs malte er sich schon aus, wie sie sich da'über freuen würde. Aber denn stand er vor der Tür, seine Tasche mit Buddel und Butterbrotdose unter 'm Arm, in der eine Hand die Buntschers, in der anderen den Blumentopf. Nu' mit ein'mal kam er, der Zwanzigjährige, sich vor wie ein kleiner, dummer Junge. Er kriegte das mit der Angst sich lächerlich zu machen. Das Gefühl wurde in ihm so übermächtig, daß er kurzerhand Blume und Buntschers neben die Tür stellte. Drinnen fragte er denn brummig:

„Wat is denn dat vör 'n Kram, dar vor de Döer?"

Und denn fühlte Mutter Anna sich hin und her gerissen zwischen Freude, Zweifel und Rätselraten. Auf den Kien kam sie erst, als den nächsten Tag eine Nachbarin neugierig fragte:

„Naaa, Frau Mumm, was haben Sie denn gestern gefeiert? Ich hab' Ihren Sohn mit 'ner großen Blume und 'ner Tüte in der Hand gesehen. Hatten Sie Geburtstag?"

Nun erst wußte sie Bescheid, und sie tat das, was alle Mütter in solcher Lage tun: Sie kochte Willi sein Leibgericht und holte extra ein Glas Eingemachtes aus 'm Keller. Ohne viel Worte — wie sonst auch, stellte sie ihm abends sein *Mehlbüdel mit Kirschen und viel süße Soße* auf den Tisch. Und denn wartete sie, daß er 'was sagen sollte, irgend 'was, aber der Junge grinste bloß — und langte ordentlich zu.

Ähnlich ging das den Beiden übrigens auch bei ihrer Erinnerung an den gefallenen Mann und Vater Hannes Mumm.

Jedes Jahr einmal im Sommer riefen die beiden evangelischen Gemeinden auf zu einer Gedächtnisfeier für die gefallenen Soldaten von 1870/71 und 1914/18. *Schmückt die Gräber* hieß das, und *die Toten nicht vergessen;* in der St. Marienkirche um halb zehn Gedächtnisrede von Pastor Tonnesen; von elf bis zwölf großes Ehrengeläut; Angehörige legen in der Gedächtnishalle Kränze und Blumen nieder.

Die Mumm's waren mit dabei. Mochte der Junge noch so viel Abstand von seinem längst gefallenen Vater haben, mochte auch Annas Erinnerung langsam verblassen und ihr Lebenswille längst über den Verlust hinweggegangen sein, vergessen wurde Hannes Mumm dafür noch lange nicht. Ja — bei der Gedächtnisrede wurden die Erinnerungen wieder wachgerufen und vertieft. Und weil die Zeit die nicht ganz so schönen Stunden schneller und gründlicher vergessen läßt als angenehme Erlebnisse, deshalb war Annas Schmerz jedes Mal wieder so tief, daß sie hemmungslos weinen mußte. Willi saß neben ihr in der Kirchenbank, auch mit schwerem Herzen und Tränen in den Augen; aber er hätte selbst nicht zu sagen gewußt, ob da nun die Erinnerung an sein' Papa oder die eindringliche Rede von Pastor Tonnesen Schuld an war — oder ob er bloß so angerührt war weil seine Mutter weinte. Er hätte ihr ja gerne 'was zum Trost gesagt, nur — was denn? Vielleicht könnte er ihr 'n bißchen den Arm um die Schulter legen oder die Hand drücken, aber hier in der Kirche? — So blieb auch jetzt wieder das Verbindende zwischen Ihnen ohne Ausdruck, ohne Mitteilung.

Wortlos gingen sie nach Hause. Anna kramte nach einer alten Zigarrenkiste, die sie auf den Tisch stellte, Hannes sein Bild daneben, und denn setzten Mutter und Sohn sich auf das Sofa. Wortlos nahmen sie ein Erinnerungsstück nach dem anderen aus der Kiste, beguckten sich das und legten es wieder 'rein. Diese ganz persönliche Gedächtnisfeier war zu Ende, wenn Anna alles wieder wegräumte — bis zum nächsten Jahr.

Anna Mumm ihr Alltag ging immer noch in ruhiger Gleichmäßigkeit dahin, ohne wesentliche Höhen oder Tiefen. Bei Willi war das 'was anderes. Die Neugierde seiner Halbstarkenjahre hatte er hinter sich gelassen. Er war männlicher geworden — äußerlich jedenfalls. Was er an innerer Männlichkeit, das heißt — was er an Persönlichkeit noch nicht besaß und wohl auch nie besitzen sollte, das versuchte er auszugleichen durch Lautstärke, Körpergröße und Schlägermut. Ringkämpfe und Boxveranstaltungen im TONHALLEN-CAFE waren seine Leidenschaft, nicht etwa die Variete-Programme, die das natürlich auch gab. Aber wenn nachher die Siegerehrungen und Preisverteilungen waren, denn kam Willi in Fahrt. Da wurden ja immer die falschen Sieger geehrt und wenn das 'was aufzuräumen gab, *denn weer he de erste Mann an'e Sprütt.*

Die jungen Männer gingen damals gerne in die Wirtschaft von Modder Jars, an der Ecke Ritterstraße/Prinzenstraße. Das war in den zwanziger Jahren ein zünftiges Bierlokal, in dem Arbeiter verkehrten — und Fremde, z. B. auch Zigeuner und was man dafür hielt. Damit war schon der Zündstoff für Auseinandersetzungen gelegt. In unserer aufgeklärten Zeit wird man das vielleicht gar nicht mehr verstehen, aber früher war es tatsächlich so, daß der Auswärtige — nicht nur der Fremde — als Eindringling, als Konkurrent angesehen wurde. Das fing ja schon an, wenn die Rendsburger Burschen in Jevenstedt mit den Bauernmädchen tanzen wollten, oder wenn die Fockbeker nach Büdelsdorf kamen. Das war beim Mädchenbier in Rickert ebenso wie beim Ringreiten in Audorf: Wettbewerb, Eifersucht, Streit, Schlägerei. In Modder Jars ihre Wirtschaft war das alles um so sicherer, wenn die Fremden auch noch fremde Art erkennen ließen.
Da saßen die jungen Leute an den Tischen, da wurde geredet und gegrölt, da wurde viel gesagt und — wie das am Biertisch so üblich ist —selten 'mal ein Gedanke zu Ende geredet, noch weniger zu Ende gedacht. Ein Wort gab das andere, da wurde gestritten und denn war das auch schon soweit. Nicht in der Wirtschaft, da paßte Modder Jars schon für auf, aber

„... kann's ja 'mal mit 'rauskommen, Du Feigling, Du."

„Kloar doch, Di hau ick doch dreemal üm."

Und denn gingen sie 'raus auf die Straße oder in den Seminargarten, gleich gegenüber.

Der Seminargarten war für solche Auseinandersetzungen besser geeignet, weil sie auf der Straße schnell in das Blickfeld der Polizei kommen konnten. Erst neulich hatte Wachtmeister Puesdorf sie überrascht. Sie waren zwar alle weggelaufen, aber Hans Frahm, den hatte er noch zu fassen gekriegt und der mußte 'ne extra hohe Strafe bezahlen,

„... weil Sie so verstockt sind und uns die Namen der anderen Beteiligten nicht sagen wollen."

Hans Frahm hatte gegrinst, bezahlt und bei sich Rache geschworen.

Drei Tage danach gingen sie zu dritt oder viert den Jungfernstieg längs. Vor ihnen schlenderte Wachtmeister Puesdorf, sonst war die Straße fast menschenleeer. Hans Frahm wollte die anderen los werden:

„Gaht Ju man all vörrut, na Modder Jars. Ick kam glieks achterran."

Er blieb zurück und die anderen beeilten sich, an Puesdorf vorbeizukommen. Grinsend zogen sie ihre Mützen,

„'n Abend auch, Herr Wachtmeister."
„Gehts gut, Herr Wachtmeister?"
„Schön Wetter heute, Herr Wachtmeister."
Und denn liefen sie weiter bis an Lamichs Pavillon. Von da beobachteten sie, wie Hans Frahm sich hinter den dicken Polizisten schlich, wie er ihm gleichzeitig mit beiden Fäusten und mit einem Schlag den Helm über die Augen und Ohren haute und danach ganz ruhig weiterging, wie wenn rein gar nichts gewesen wäre. Puesdorf brüllte und zappelte unter dem Helm und kam wohl erst 'ne ganze Stoot später auf den Gedanken, seine Alarmflöte zu gebrauchen. Erst einer von seinen Kollegen brachte ihn nachher mit viel Ach und Weh wieder an das Tageslicht.

Bei solchen Gelegenheiten, wo ordentlich 'was losgemacht wurde, da war auch Willi Mumm mit dabei. Aber natürlich nicht so, daß er bloß 'rumhaute. Er hatte auch Witz genug für einen lustigen Streich.

Das war in den letzten Sommertagen 1924 gewesen, ich mein' draußen im Schützenhof, kann aber auch in einem der anderen großen Lokale gewesen sein, so genau läßt sich das nicht mehr sagen. Der Abend war schön und Willi hatte kein Geld mehr. Nach Hause gehen mochte er noch nicht und Geld leihen oder anschreiben lassen für 'n Bier, das kam sowieso nicht in die Tüte. Also schnappte er sich einen von den Kellnern, die bei dem Wetter ohnehin in Hemdsärmeln arbeiteten.

„Sag 'mal, Du, bloß für 'ne kleine Wette, kanns' mir mal Deine weiße Jacke leihen?"

Ganz so einfach ging das nicht, aber mit 'n bißchen Nachdruck kriegte Willi was er wollte. An der Theke besorgte er sich 'n Reststück Kreide und in der Garderobe so 'ne alte Anschreibtafel. Damit ging er in die Abteilung wo an der Tür MÄNNER steht. Und die wunderten sich nun darüber, daß sie plötzlich bezahlen sollten für etwas, das bis dahin immer umsonst gewesen war:

Benutzungsgebühr   *5 Pfg*
Toilettenbenutzung   *10 Pfg*

Das Geschäft ging gut. Willi hielt sich hinter der Tür wenn einer 'reinkam, er stellte sich ihm in den Weg, wenn der nach erledigtem Geschäft wieder 'raus wollte. Ohne ein Wort zeigte er auf das Preisschild und ohne ein Wort kassierte er die Benutzungsgebühr. Natürlich gab das auch welche, die nicht gleich bezahlen wollten, die meckerten und sogar krakeelten, aber zuguterletzt tat die weiße Jacke ihre Wirkung und den Rest besorgte seine große kräftige Figur.

Nun war Willi aber ja nicht hergekommen um zu arbeiten. Bald hatte er also genug kassiert, das Geld langte für den Abend, das Preisschild landete hinter der Tür, der Kellner kriegte seine Jacke zurück, keiner hatte 'was gemerkt und Willi tat so, als wenn nichts gewesen wäre. Damit schien denn alles bestens geregelt, so jedenfalls dachte er sich das, aber — Krögers haben auch Humor.

Weihnachten kam 'ran, bei den Mumm's immer ein bescheidenes Fest; 'n paar Kleinigkeiten *för Di, Mama* und *för Di, min Jung*, 'n bißchen Tannenbaum mit Lichterbrennen, und damit hatte sich das. Sie schickten keine Pakete und kriegten auch keine — bis auf nun. Da stand nämlich mit'n'mal der Postbote vor der Tür und brachte einen großen Karton für *Herrn Wilhelm Mumm*. Das Paket war wohl in Rendsburg abgeschickt worden, aber den Absender, den konnte Anna leider nicht lesen. Natürlich machte sie das Paket nicht auf, das war ja für ihren Willi. Dabei war sie aber den ganzen Tag so aufgeregt, daß sie ganz vergaß 'was zu essen zu machen. Als der Junge denn endlich nach Hause kam, da ließ sie ihm keine Ruhe. Er durfte sich nicht 'mal erst die Joppe ausziehen,

„... so mak doch eers den Karton apen, Jung, ick bin ja all ganz opgeregt, wat dar wohl bin ist."

Willi wunderte sich eigentlich mehr, als daß er neugierig gewesen wäre. Aber naja, er machte das Paket auf — und dann lachte er, lachte und lachte und konnte sich reinschierweg gar nicht mehr einkriegen. Anna dagegen riskierte bloß einen Blick und meinte denn ganz enttäuscht:

„'ne Klosettbürste? Was soll'n wir denn damit, wir haben doch bloß 'n Plumpsklosett."

Es weiß gewiß jeder in seiner Umgebung einen Menschen, der landläufig als Säufer oder als Trunkenbold abgetan wird. Oft genug sind das ja Leute, die sich aus Angst oder Enttäuschung hinter der Flasche verstecken, Leute — die sich in ihrem alkoholisierten Schmollwinkel einigeln und denn ganz umsonst warten, daß sie da einer 'rausholt. Andere dagegen haben bloß einfach den Halt verloren oder sich selbst aufgegeben, weil für sie *das Rennen gelaufen* ist, weil sie dem Leben nichts mehr anbieten wollen oder glauben nichts mehr anbieten zu können, die auch umgekehrt nichts mehr erwarten.

Zu der letzten Sorte gehörte Hein Zarp. Er war Altgeselle bei einem Rendsburger Malermeister, dessen Name hier nichts zur Sache tut. Aber man wird sich gewiß erinnern, daß früher die Stubentüren mit Klarlack gestrichen wurden und nachher doch so'n enges, bernsteinfarbenes Streifenmuster hatten. Leckbier hieß das Geheimnis. Dies von den Zapfhähnen abgetropfte, schale Bier mußten die Malerlehrlinge morgens aus den Wirtschaften zusammenholen. Und Hein Zarp hatte doch sooo'n Durst.

„Meister, kann de Jung noch 'n Emmer Leckbeer halen?"
„Aber Hein, he weer doch eben eers hin."
„Jaja, Meister dar seggt Se wat, aber wat wie ook all'ns bruken dot," wunderte er sich denn selber.

Durch den Tod seiner Frau war es still und einsam geworden um den Altgesellen. Zu Hause fiel ihm *die Decke auf den Kopf,* und so ging er meis' jeden Abend in die Wirtschaft. Da saß er denn still und in sich gekehrt an seinem Tisch, trank Köm und Bier und Bier und Köm in sich 'rein, bis er die nötige Bettschwere hatte und denn so alleine nach Hause torkelte wie er gekommen war. Ein harmloser, ein bedauernswerter Mann, der gewiß 'n bißchen aufmunternde Anteilnahme verdient gehabt hätte. In der Wirtschaft fiel er bloß den jungen Leuten auf und die hatten denn ihren Spaß mit ihm. Sie machten ihn duhn, veräppelten ihn und —

das war wohl der Höhepunkt — sie schnitten ihm die Rockschöße ab, zogen ihm den Hut über die Ohren, schoben ihn schließlich in dem Zustand auf die Straße. —

Willi Mumm war auch mit dabei gewesen, als einer der Lautesten sogar und er hatte sich nichts, überhaupt nichts dabei gedacht, aber als er nachher auf dem Weg nach Hause war, da fand er Hein Zarp im Kindergarten. Der lag da unter dem Kriegerdenkmal.

„Mensch, Hein, was machst Du denn da. Hööö, Ool, kumm hoch, hier kanns' doch nich liggen blieven."

„Ach Jung, gah doch wieder", schuchzte der Alte, „lat mi doch tofreden. Ick do Ju nix, dot mi doch ook nix. Wat hebbt Ju bloß jümmers mit mi vöer."

„Kumm, Ool, kumm hoch. Ick do Di nix, aber wi möd Di wedder ingang bringen un dar sorg ick nu eers mal vör."

Willi schleppte den Alten in den WASSERTURM, eine kleine Wirtschaft in der Baronstraße. Die Wirtin da war immer nett und freundlich zu ihren Gästen. Die nähte Hein Zarp die Rockschöße wieder an, gab ihm erst 'mal ordentlich 'was zu essen und sorgte auch sonst, daß er wieder in Ordnung kam. Aber sie war auch eine resolute Frau, und deshalb kam nachher auch Willi Mumm an die Reihe ...

Wie sich so 'was denn macht – Hein Zarp hatte von nun an einen Beschützer. Nur ein paar Mal noch machten sich welche ihren Spaß mit ihm, aber jedes Mal nachher verschaffte Willi diesen jungen Leuten fürchterliche Wehtage, und denn wagte das auch schon keiner mehr, dem Alten 'was zu tun.

Een Jack vull Prügels hölp manchmal beter as all 'n klooken Schnack.

Die Sache mit dem Altgesellen hat Willi Mumm 'was nachdenklicher, vielleicht auch 'n bißchen erwachsener werden lassen. Sie hat ihn nicht etwa verändert, das Wesen eines Menschen läßt sich nicht verändern. Aber wenn einer nachdenklich wird, denn fängt er wenigstens an damit, sein Tun zu kontrollieren, es soweit zu lenken, als ihm die Einsicht das erlaubt. Das wird auch die Fortsetzung dieses Buches zeigen, in der ich nun nach und nach auf Willi Mumms eigene, tatsächliche Lebensgeschichte*) eingehen will.

Wie jeder junge Mensch, so hatte natürlich auch er ab und an 'mal ein Mädchen, mit dem er 'ne Zeitlang ging. Aber Willi war ja ein Mensch, der sich in all' seinem Tun mehr von augenscheinlichen Anregungen treiben

---

*) vergl. Seite 7

ließ als von dem Gefühl oder gar der Vernunft. So gesehen fanden ihn die Mädchen auf Dauer zu anstrengend – und er sie auch. Wenn sie ihm also nicht schon bald den Laufpass gaben, denn war er das, der sich langsam zurückzog in seine Biertischgesellschaft. Da setzte er sich durch, da war er geduldet und manchmal sogar beliebt in seiner lauten, ansteckenden Ausgelassenheit. Das war denn auch der Grund dafür, daß er sich beispielsweise in den Tanzlokalen lieber an der Theke 'rumdrückte. Zwar begriff er in seinem Unterbewußtsein, daß dies nur eine leere Scheinwelt sein konnte, ein gewissermaßen billiger Ersatz für seine Sehnsucht nach Anerkennung und nach einer zärtlichen Beziehung, aber von selber konnte er wohl nicht aus der Sackgasse 'raus kommen. Da war das nur ein Glück, daß er endlich Grete Jensen kennenlernte, oder besser gesagt – wieder kennenlernte.

Eigentlich waren sie ja schon von der Schule her miteinander bekannt, damals hatten sie sich allerdings kaum angeguckt. Nun standen sie plötzlich als junge Leute voreinander. Aus Grete war inzwischen ein großes, jugendlich hübsches Mädchen geworden. Sie reichte Willi immerhin bis an die Nasenspitze. Die Merkmale ihrer stark weiblichen Figur versteckte sie unter einer weiten, nur in der Halskrause zusammengehaltenen Bluse mit langen Ärmeln und in einem modisch engen Rock, wadenlang, dessen breiter Bund ihre starken Hüften betonte. Oberhalb der Taille erschien ihre Figur füllig, warm und weich, darunter stramm und eingezwängt. Das dunkle, anscheinend lange, geflochtene Haar hatte sie sich ringförmig um den Kopf gelegt. Waren die strengen Züge ihres Gesichts jetzt noch von warm lächelnder Jugend überdeckt, in den Augen stand ruhige Nüchternheit, die sich in diesem Augenblick vielleicht mehr mit Willi Mumm befaßte, als er wissen oder ahnen durfte.

Auf ihn wirkte sie fast wie elektrisierend. Er war gerade wieder mitten in einer großen Thekenrede, war wieder 'mal ganz groß in Fahrt, da stand sie vor ihm – und Willi war baff. Er vergaß was er noch sagen wollte, vergaß sein Bier auszutrinken und vergaß sogar zu bezahlen, so daß ihm nachher einer der Kellner nachlaufen und kassieren mußte. Von diesem Abend an war Willi Mumm für seine Biertisch- und Thekengesellschaften verloren. Erst wollte er keine Zeit mehr dafür haben – wegen Grete, und denn verstand sie es, ihn davon abzuhalten. Nicht etwa, daß sie ihn beredet hätte da wegzubleiben, so – wie seine Mutter das anfangs ja auch noch versucht hatte. Grete wußte vielmehr immer wieder 'was anderes, womit sie ihn beschäftigen oder auf andere Ideen bringen konnte. War das erst noch Unterhaltung und Vergnügen gewesen, mit Ausgehen oder zusammen 'was unternehmen, denn wußte sie schon bald bei ihm oder bei sich zu Hause irgendwelche Arbeiten, die natürlich nur ein Mann machen konnte. Sie wickelte ihn richtig ein und Willi zappelte noch nicht einmal in ihrem Netz – im Gegenteil, das sah so aus, als ob er ganz zufrieden wäre.

Grete war klug genug vorauszusehen, daß er auf Dauer auch andere Gesellschaft brauchte. Sie hatte irgendwelche Verwandte, Onkel und Vettern oder ähnlich, die mit der Jägerei zu tun hatten. Aber nur eine Saison lang war Willi mit dabei, von der Krick- und Stockentenjagd an der Eider bis zur Treibjagd in den umliegenden Feldern und Forsten, denn hatte er dazu keine Lust mehr. Jagen und schießen durfte er nicht und das Treiben war ihm nicht gut genug; abgesehen davon, daß die Treiber auch immer 'n bißchen über die Schulter angeguckt wurden und sich keiner die Mühe machte, diese Leute mit den Geheimnissen der Jägerei und der Försterei vertraut zu machen. Im Falle Willi Mumm jedoch hatte das fatale Folgen.

Er hatte ja gesehen was da so geschossen und daß ein Teil der Strecke sogar verkauft wurde. Auch die Treiber mußten für ihren Anteil noch 'was bezahlen – mit Rabatt, versteht sich.

„So wat kann ick ook",

meinte Willi. Und weil er nicht schießen durfte, die Fallenstellerei aber zu aufwendig war und zu riskant, besorgte er sich ein Frettchen*) und ging damit auf die Jagd. Das war wohl auch verboten, aber wenn man schon wußte wo der Hase saß, denn war alles Weitere bloß noch 'n Klacks. Ruckzuck hatte man den Sonntagsbraten für sich oder zum Verkauf im Pasen. Ob man danach erwischt, vielleicht sogar angezeigt wurde, das war eine Frage der schnellen Beine oder der harten Fäuste; wir werden das noch sehen.

Mutter Anna und Grete Jensen, die sich übrigens sehr gut miteinander verstanden, wußten von alledem erst 'mal noch nichts. Nachdem die Sache mit der Jägerei schief gegangen war, bestärkten sie Willi in seinem Umgang mit den Arbeitskollegen von der Hütte. Das waren Hans und August Kläschen, Hermann Maaß, Hein Ferber, Hans Krähenbrink usw., alles junge Männer von passender oder sogar gleicher Art wie Willi Mumm. Sie wohnten bloß alle in Büdelsdorf, so daß Willi und Grete sich nun auch mehr oder weniger dahin orientieren mußten – aber das war ja das Schlimmste nicht.

Nun – wie gesagt, uns' Willi ging gerne auf Frettchenjagd und das hatte er

---

*) Iltis (Albino), wird zur Hasenjagd abgerichtet.

– neben vielen andern Eigenschaften – mit Hans Krähenbrink gemeinsam. Gleich ihr erster gemeinsamer *Jagdausflug* sollte das zeigen.

Sie waren in Büdelsdorf durch die Hollerschen Anlagen und denn über Hollings Berge gestreift, da – wo heute die Sportanlagen sind. Sie hatten jeder einen Hasen gefangen und wollten nun über die Eckernförder Chaussee wieder nach Hause, aber so einfach ging das nicht. Einer von den Bauern muß sie wohl beobachtet haben, denn der kam ihnen jetzt mit'm Rad achterran gefahren.

„Stahn blieven! – Hebbt Ju nich höert, Ju twee, stahn blieven, haff ick seggt!"

Hans und Willi rannten was das Zeug hielt, aber der mit dem Fahrrad war schneller. Da blieben sie stehen, wie auf Kommando und ohne daß sie ein Wort der Verständigung nötig gehabt hätten.

„Ja, Buer, wat wi's Du denn van uns?"

„Ick will weten, wat Ju in de Pasens hebbt, Du un he ook."

„Aaach, wenn dat all'ns is –, denn kam doch her un kiek dar 'mal 'rin."

Das hätte der Bauer besser nicht getan. Eben steckte er seine Nase in den ersten Pasen 'rein, da schnappten ihn die beiden und prügelten ihn windelweich, so lange – bis er buchstäblich um Gnade schrie.

„So, min lütten Buer, hes nu genog sehn? Denn mark Di noch wat: Wenn Du ook man bloß een Woert verleern deis' över düsse Saak, ganz egal wo dat is, denn kamt wi beide wedder un denn ..."

„Nee-nee, Ju brukt nich kamen. Ick segg nix, ganz bestimmt. Keen Woert segg ick..."

„Naja, wenn Du dat versprecken deis' un wi uns op Di verlaten künnt –. Denn huul man nu aff, Du lütten Wiesnäs, Du."

Als die Zwei nachher ihre Geschichte zum Besten gaben, da konnten sie selbst und ihre Kollegen sich kaum wieder einkriegen vor lauter Lachen. Man bloß Grete Jensen lachte nicht, sie wurde sogar sehr nachdenklich. Und als Willi 'n paar Tage danach um ihre Hand anhielt – was ja eigentlich bloß noch 'ne Formsache sein sollte, da hatte sie plötzlich tausend Ausflüchte und bat schließlich auch noch um Bedenkzeit. Die verbotene Frettchenjagd, nun – ja, das könnte sie ja irgendwie noch einsehen, denn

„...uns kleine Leute wird ja auch nichts geschenkt",

aber die Sache mit der Prügelei, das war nicht ordentlich gewesen

„...und da muß ich erst 'mal mit fertig werden."

Grete hat anscheinend viel Zeit dafür nötig gehabt, denn erst 1930 gaben sie *ihre Vermählung bekannt:*

>   *Wilhelm Mumm*
>   *und Grete, geb. Jensen*
>
>   *Büdelsdorf, Marinestift 7*

Überglücklich ließen sie die neue Adresse gleich mit in die Zeitung setzen. Daß sie sofort eine Hüttenwohnung auf dem Knast kriegen konnten, da war einer der wenigen Glücksfälle in dieser kurzen Ehe überhaupt. –

In der jungen Ehe funktionierte alles und nichts. Das Intimleben muß da wohl in Ordnung gewesen sein. Vier Kinder in knapp sechs Ehejahren sind immerhin ein Ausweis dafür, und wem das nicht genügt – naja, der hätte eben 'mal hören sollen, was die Nachbarinnen damals miteinander flüsterten. Sonst aber versuchte Willi so weiterzuleben wie er das von zu Hause her gewohnt war, sehr bequem also. Damit stieß er bei Grete auf Granit. Umgekehrt hatte Grete sich vorgenommen – und Mutter Anna bestärkte sie darin, ihrem Mann so 'was wie Vernunft beizubringen. Das ging Willi gegen den Strich.

Man sagt ja oftmals, gerade solche Ehen seien die gesündesten, die von dem Glück der ständigen Versöhnung getragen werden. Gewiß – die Versöhnung gehört dazu, aber das alleine garantiert nicht den Bestand der Ehe. Der ernste Wille zu der Gemeinschaft mit dem Partner gehört dazu, ein Wille – der sich die Schwierigkeiten des Ehealltags unterordnet, ein Wille – der die Ehe auch als Pflicht gegenüber dem Partner und als Aufgabe an der Familie sieht. Wenn Grete und Willi Mumm sich das vielleicht auch niemals eingestanden, wenn sie möglicherweise nicht einmal darüber nachgedacht haben, sie handelten beide nach diesem Prinzip.

Das fing schon an mit den kleinen *Anpassungsgeschichten* wie alle jungen Eheleute sie erleben – so oder so. Grete hatte zum Beispiel einen unbändigen Heißhunger auf deftigen Eintopf. Ihre Mutter war früher 'mal Köchin gewesen. Zumal nach den Entbehrungen des ersten Weltkrieges hatte diese sich so auf ihre eigene Küche eingeschworen, daß es in dem Arbeiterhaushalt staunenswerterweise niemals mehr einen Eintopf gab; man muß sich tatsächlich fragen, wie sie das zustande brachte. Grete nun – in ihrem eigenen Haushalt – kochte Eintopf, tagein, tagaus, in allen Variationen und jedes Mal gleich solche Mengen, daß auch die Nachbarschaft davon hätte satt werden können –.

Willi arbeitete neuerdings in der Formerei. Ein großer, kräftiger, junger Mann bei schwerer Arbeit, das brachte Appetit. Er aß kräftig und Grete fühlte sich *Eintopf-bestärkt*.

Nach ein paar Wochen erst wagte Willi einen sanften Widerspruch:

„So 'n Röbenmuus schmeck' ja ganz schön, min' Grete, abers 'n ordentliches Stück Fleesch mit Kartüffeln un Arfen is ook wat Feines."

„Ja, min Grooten, dat is richtig. Dat is wie Du dat seggen deis', Röbenmuus schmeck schön, ick mag dat ook ganz geern – un denn spart dat ja ook noch 'n Barg Geld."

Lange konnte das nicht mehr gut gehen und schon eine Woche danach gab das denn auch tatsächlich Lärm. Er kam wie immer zu Mittag nach Hause, sie füllte wie immer auf, diesmal so 'was wie einen Pichelsteiner Kohltopf. Jetzt war für ihn das Maß voll. Mit aller Kraft haute Willi die Faust auf den Tisch, so daß die Teller man nur so flogen, und denn flüsterte er in Gretes sprachloses Staunen hinein:

„Dat hier, min lütt' Fruu, dat kanns' nu alleen eten, ick dann dat nich mehr sehn. Un so wahr ick hier vör Di stahn do, wenn Du mi morgen nich 'n anständiges Stück Karbonad' vörsetten deis', un ordentliche Kartüffeln un ordentliches Gemöös, denn stülp ick Di Din' Kohlpott över den Kopp un sett Di mit den Stohl op de Straat. – Un nu smiet den Kram hier in de Drangtünn. Ick gah wedder los, 'heff genog vun Din Köök."

Von da an gab das bei den Mumms immer 'was ordentliches zu essen, zwischendurch übrigens auch 'mal einen leckeren Eintopf; denn lächelten die beiden sich an und wunderten sich nachher, wieso *de Pott all wedder mal so gau leer woarn is.*

Wie viele große, kräftige Menschen, so konnte auch Willi Mumm einen „guten Stiefel" vertragen, das heißt – bei ihm fiel das nicht so auf, wenn er 'mal anständig (oder unanständig?) einen geladen hatte. Oft kam das sowieso nicht vor und deshalb hatte Grete auch in der Beziehung noch nicht so viel Erfahrung mit ihm.

Eines Tages feierte einer von Willis älteren Kollegen, einer aus der Wilhelmstraße, sein Fünfundzwanzigjähriges bei der Hütte. Jubiläumsveranstaltungen waren das immer 'was besonderes. Da gab das Urkunden und Medaillen, 'n warm' Händedruck vom Betriebsleiter und noch 'ne kleine Zuwendung von wegen der Feierei nachher. Willis Kollege nun war früher 'mal Seemann gewesen und schwor seither Stein und Bein auf die Wunderkraft des Rums, so auch bei seiner Feier. Nachher waren sie alle stern' hagelvoll und krochen mehr als sie gingen nach Hause.

Willi torkelte zu Hause in die Küche 'rein, fiel auf einen Stuhl und stöhnte immerzu:

„Grete, oh – min ' Grete, wat is mi dat so schlech'. Ick heff so Koppweh un de Magen dreiht sick mi üm. Oh – oh – wat is mi dat bloß ..."

Sie war ganz ahnungslos.

„Willi, wat is denn. Du – nu segg mi doch wat. Sall ick Di to Bedd bringen? Kumm doch, ick deck Di schön warm to un denn hal ick Di de Warmbuddel, de legg wi Di op den Buuk."

Und als er denn endlich zu Bett lag, als er immer noch stöhnte, da wollte sie sogar Doktor Schulz oder Doktor Föh aus dem Dorf kommen lassen. Aber denn schrie Willi nach einem Eimer. Konzentrierter Alkoholdunst schwebte durch die Stube und mit einem Mal' ging Grete ein Licht auf. Sie war auf seinen Suff 'reingefallen, sie hatte ihn für krank gehalten, hatte sich Sorgen gemacht – und er war bloß besoffen. Da wurde sie zu einem Racheengel, zu einer Furie. Sie nahm den nassen Feudel in die Hand und klatscht – klatsch trieb sie ihn aus dem Bett, aus der Wohnung, in den Stall. Sie hängte das Schloß vor den Riegel und ließ ihn erst wieder 'raus, als Willi nüchtern war und durch die Luke versprach:

„Ganz gewiß, min lütt' Grete, so glööv mi doch, ick besuup mi ook nie – niemals wedder."

Schlägereien, so wie sie bei Willi früher so halberlei zum Tagesgeschehen gehörten, die gab das für ihn eigentlich nicht mehr – von kleinen unbedeutenden Zwischenfällen abgesehen. Früher hatte er Freunde und Feinde gehabt, nun gab das bloß noch welche die ihn mochten und solche, die ihn nicht mochten. Mit Gendarm Barkholz war das 'was anderes. Das war ein untersetzter, dickleibiger Mann, der in Büdelsdorf seinen Dienst tat und weniger selbst als in seiner Uniform respektiert wurde. Man muß ihn nicht erst beschreiben, seine Wesensart wird in den folgenden Ereignissen deutlich.

Willi Mumm war ein unverbesserlicher Wilderer, ein Mann der fortgesetzt Unerlaubtes tat, Gendarm Barkholz stand auf der Seite des Gesetzes. Das war Feindschaft von vornherein. Willi war ja ein lauter Mensch, ganz im Gegensatz zu dem stillen Hans Krähenbrink. Er hielt nicht etwa den Mund, wenn Gendarm Barkholz auftauchte, sondern verspottete ihn und machte ihm auf vielerlei Art seine Aufgabe schwer. Bald hatten sie denn auch die erste – im wahrsten Sinne des Wortes – handfeste Auseinandersetzung.

Willi war wieder einmal mit seinem Frettchen auf Jagd gewesen. Zwei Hasen hatte er gefangen, einen für den eigenen Topf, den anderen für's Taschengeld. Hochgestimmt war er auf dem Weg nach Hause, da wurde er plötzlich von hinten angerufen. Der Feldhüter:

„Ick wull man bloß sehn, Willi Mumm, ob Du dat ook würklich büs'. Deit mi leed, abers dat geit nich anners, ick mud Di anzeigen."

Nun – Willi wußte natürlich manche Möglichkeit, wie er mit dem Feldhüter hätte fertig werden können, aber so viel war ihm auch klar, die Anzeige ließ sich nicht mehr verhindern. Also mußte er sehen, nachher mit der Polizei klar zu kommen. Die würde vor morgen oder übermorgen ohnehin nicht kommen, und bis dahin mußten die beiden Hasen eben weg sein.

Das kam alles ganz anders.

Der Feldhüter hatte keine Zeit verloren. Schon zwei Stunden nachher stand Barkholz bei den Mumms auf der Matte. Er fand Willi hinter dem Stall gerade damit beschäftigt, einem der Hasen das Fell über die Ohren zu ziehen.

„Na, Mumm, da komme ich ja gerade richtig. Der Frevler mit der Beute. Packen Sie den Hasen ein und denn kommen Sie 'mal schön mit auf die Wache."

„Wat wi's Du lütten Klookschieter?"

„Das summiert sich, mein Lieber, das summiert sich. Jagdfrevel, Beamtenbeleidigung, und wenn ich denn noch an all' den anderen Ärger denke, den Sie schon gemacht haben: Es wird mir ein Vergnügen sein, das alles aufzuschreiben. Und nun beeilen Sie sich gefälligst, für Strolche wie Sie haben wir nicht viel Geduld."

„Dat is ook nich nödig, min Jung..."

Der große Willi Mumm faßte den vergleichsweise kleinen, rundlichen Gendarmen an seinem Koppel, hob ihn hoch und warf ihn kurzerhand über den Zaun auf die Straße,

„...un grööt Dine Großmodder vun mi. Segg ehr, se sall beter op de Görn oppassen."

Das war zu viel und Willi wußte das auch.

Sie hatten Verwandtschaft in der Wihlelmstraße. Dahin brachte er die beiden Hasen und das Frettchen. Zu Hause wurden alle Spuren weg gemacht – und denn standen sie auch schon vor der Tür, die Polizeibeamten. Gendarm Behrendt mit schriftlicher Festnahmeorder und Durchsuchungsbefehl, hinter ihm Gendarm Barkholz mit angelegtem Gewehr, dessen Mündung genau auf Willis Bauch zielte. Der war die Ruhe selbst.

Bei aller Angst und Sorge hatte Grete ihm noch Verhaltensregeln gesagt, daran hielt er sich: Kein Wort sagen, ruhig mitgehen. Sie legten ihn an die Kette und denn wurde er wie ein Schwerverbrecher abgeführt, durch die ganze Gemeinde, mit zwei Gendarms und einem schußbereiten Gewehr im Rücken.

Beweise für den Jagdfrevel hatten sie bei den Mumms nicht gefunden. Den Widerstand gegen die Staatsgewalt und die Beamtenbeleidigung bestritt Willi einfach. Zeugen hatten sie nicht. Nach der Protokollaufnahme durfte er wieder nach Hause gehen, ohne Begleitung – versteht sich. Aber bevor er die Wache verließ, warf er Gendarm Barkholz noch einen sehr, sehr langen Blick zu und der hatte von da an immer einen leichten Druck in der Magengegend, so oft er Willi Mumm sah oder bloß von ihm hörte.

Wer je die Absicht gehabt hat, ein Buch über das Leben der Hüttenarbeiter und ihrer Familien damaliger Zeit zu schreiben, er hätte das TIVOLI nicht auslassen können. Dieses Tanzlokal war über Büdelsdorfs Grenzen hinweg bekannt; es hieß später DEUTSCHE WACHT und das Haus ist – inzwischen anders genutzt – auch heute noch zu finden an der Ecke Alte Dorfstraße/Löwenstraße. Zur Zeit des Tivoli wohnte und arbeitete in dem Haus übrigens auch der Hexenmeister Christian Piel, nicht mit dem damals berühmten Schauspieler Harry Piel zu verwechseln. Der Hexenmeister machte da in dem Haus so eine Art Conferencier (Ansager) und war nebenbei Gesundbeter und Teufelsaustreiber.

Unter anderen soll zu dem Meister auch 'mal ein Bauer gekommen sein, dessen Kühe plötzlich nicht mehr fressen wollten. Der Erzählung nach soll Piel ihm erst 'mal geraten haben, alle weiße Wäsche aus dem Haus zu schaffen und außerhalb des Hofes zu vergraben. Denn mußten alle Leute das Haus und auch die Nebengebäude verlassen, und nun fing er an mit seinem Teufelsdreck und sonstigem Hokuspokus. Schließlich ließ er sich für seine *Bemühungen* ein schönes Stück Geld geben und wies an, daß alles so stehen und liegen bleiben müsse wie es sei, bis morgen früh. Denn sei der Teufel weg und sie könnten die gewohnte Ordnung wieder herstellen. Danach zog er fröhlich pfeifend von hinnen. Die Bauersleute müssen den nächsten Tag richtig begeistert gewesen sein als sie merkten, daß die Kühe immer noch nicht fressen wollten, daß der Teufel bei seinem Abschied aber wohl versehentlich die weiße Wäsche ausgegraben und mitgenommen hatte.

Piels Nachbarn klagten übrigens auch, daß immer wieder irendeiner Wäschestücke von der Leine klaute. Ob er das nun gewesen ist oder jemand anders, das läßt sich heute wohl nicht mehr feststellen. Piel soll später gefaßt worden sein und denn Hand an sich gelegt haben –.

Der Wirt des T<small>IVOLI</small> war ein gewisser Reimers, ein Mann – der in seinem Lokal auf Ordnung hielt und irgendwelche Prügeleien nicht duldete.

Das muß 1931 einer der letzten Sommernachtsbälle gewesen sein, als es im Tivoli wieder 'mal hoch her ging. In einer Ecke saßen die Freunde, Willi Mumm mit Grete, Hermann Maaß mit Frau Luise (Lide genannt) und Hans Krähenbrink mit Braut Erna. Wie das bei solchen Gelegenheiten ist, wenn an der einen Tischseite die Frauen zusammensitzen und sich so fürchterlich viel zu erzählen haben, wenn auf der anderen Seite die Männer sitzen und ihren Tatendrang nicht los werden können, denn kriegt man Durst. Wenn die drei Männer also nicht gerade tanzen mußten – weil das die Damens danach war, denn durften sie ab und an 'mal auf'n kleinen Schluck an die Theke gehen. Tja – und der rei-ne Zufall wollte das nun, daß ausgerechnet bei so einer Gelegenheit Gendarm Barkholz auf seine Runde vorbei kam um nach dem Rechten zu sehen. Wie gewöhnlich kriegte er an der Theke einen auf'n'sonst eingeschüttet. Und siehs' wohl, da standen sie denn plötzlich wieder 'mal nebeneinander, Gendarm Barkholz und Willi Mumm. *Hein Grootschnut kunn dat Muul nich hol'n*, ein Wort gab das andere, die schönste Schlägerei bahnte sich an, da ging der Wirt dazwischen und trieb die Helden auseinander. Aber in dieser Nacht mußten drei Frauensleute alleine nach Hause gehen.

Den nächsten Morgen fanden Frühaufsteher einen Polizisten-Tschako, unten an der Chaussee, hinterm Knick. Sie brachten den Helm zur Wache und da stellte sich denn heraus, daß Gendarm Barkholz in der Nacht von unbekannten Männern überfallen und zusammengeschlgen worden war. Einer dieser Männer soll auf den Namen Willi gehört haben, aber an mehr konnte Barkholz sich beim besten Willen nicht erinnern –.

VI. TEIL

BRÜDER

Den Unterhaltungskünstlern muß man einmal sagen, daß die von ihnen hochgelobten *Goldenen Zwanziger* allenfalls in ihren Kreisen als toll empfunden wurden. Sonst waren die zwanziger Jahre nämlich alles andere als toll, es sei denn – man spräche von einem Tollhaus. Das käme der Sache sehr viel näher.

Mancher wird sich noch aus dem Geschichtsunterricht daran erinnern, daß die sogenannten demokratischen Kräfte in Deutschland schon vor dem ersten Weltkrieg an Boden gewonnen hatten. Unter dem Druck der Verhältnisse des Krieges konnten sie sich noch weiter durchsetzen, besonders in der schweren Zeit, als die Regierung *um der deutschen Sache willen* nachzugeben gezwungen war. Über kurz oder lang hätte sich das Reich durchaus auf friedlichem Wege in einen demokratischen Staat verwandeln können; möglicherweise in eine parlamentarische Monarchie, wie in England oder in den skandinavischen Staaten (das würde uns z. B. auch das heutzutage alle fünf Jahre wiederkehrende unwürdige Theater um die Wahl des Bundespräsidenten erspart haben).

Die Revolution von 1918 war nichts anderes als ein abenteuerlicher, ein linksradikaler Machtversuch gegen den Kaiserstaat und in der Konsequenz auch gegen die Demokratie. Sie wollten eine kommunistische Räterepublik nach russischem Vorbild – um jeden Preis. Nachdem die militärische Führung sich als unfähig erwiesen hatte und der Kaiser vor der Revolution weggelaufen war, ist es allein den damals gemäßigten Sozialdemokraten zu danken, daß die Kommunisten (zu der Zeit noch bei den Unabhängigen) sich nicht durchsetzen konnten. Nach einem gescheiterten Putschversuch im Dezember 1918 verließen sie den Rat der Volksbeauftragten, das war so eine Art Ober-Oberrat der Arbeiter- und Soldatenräte, eine Behelfsregierung in Parlamentsgröße. Während dieser Rat die Demokratie vorbereitete, gründeten die Kommunisten ihre eigene Partei und probierten den (Spartakus-) Aufstand mit der Folge, daß nun auch die Rechtsradikalen aktiv wurden: Die ermordeten zwei bekannte Kommunistenführer und damit kehrte für 'n paar Tage Ruhe ein.

Szenenwechsel:
Das ist 1919 gewesen, am 18. Januar, einen Tag vor der Wahl zur Nationlversammlung. Wie in Rendsburg, so kamen die Leute auch in allen anderen kleinen und großen Städten zusammen, auf den großen Plätzen, mit Tschingdarassasa, mit Fahnen und vielen Rednern. Man beglückwünschte sich zu der *erkämpften Freiheit* und denn wurden die Leute – mit heil und hoch und Schulterklopfen – sozusagen in die Demokratie entlassen. Die Nationalversammlung wurde gewählt. In Weimar nahm das neugewählte Parlament die neue Verfassung an, damit war ein neuer demokratischer Staat geboren – die *Weimarer Republik* auf der Grundlage der *Weimarer Verfassung*. Heil Deutschland, hoch Deutschland und Deutschland hurra! Friedrich Ebert war der erste Reichspräsident und Philipp Scheidemann der erste Ministerpräsident (Kanzler). Damit hätte ja nun alles in schönster Ordnung sein können, das war es aber nicht.

Die Weimarer Republik bestand vierzehn Jahre. In dieser Zeit hat sie insgesamt neunzehn Regierungen verschlissen – nicht etwa, weil das so viele Parteien gab. Grob gesehen kann man sagen, daß jede dieser Regierungen vom ersten bis zum letzten Tag mit gleichen oder ähnlichen Schwierigkeiten zu kämpfen hatte wie die vorausgegangene, und daß sie daran ebenso gescheitert ist.

So ein neues Regime kann ja nicht einfach einen Schlußstrich ziehen unter dem was vorher war, es kann nicht einfach neu anfangen, ist vielmehr belastet mit all' den Rechten – aber wohl mehr Pflichten, die es gewissermaßen erbt. Hier war das ein schrecklicher und unter bösen Vorzeichen verlorener Krieg.

Die Staatswirtschaft und die Volkswirtschaft waren zerrüttet und ohne Reserven, das Volk ausgehungert und in vielen Teilen des Reiches leidend unter dem politischen Terror. Dazu kamen als neue Probleme die Gebietsabtretungen nach dem Versailler Vertrag, die Reparationen, Zwangsmaßnahmen der Entente durch Gebietsbesetzungen, der gescheiterte passive Widerstand und dann die Inflation. Währungsreform von der Papiermark zur Rentenmark und weiter zur Reichsmark. 1924 die Roßkur der dritten Steuernotverordnung mit Aufwertung der öffentlichen und privaten Schulden. Dann langsamer Wiederaufbau der Wirtschaft mit Hilfe der Mittel nach dem DAWES-Plan (1924) und nach dem YOUNG-Plan (1930). Zögernd nur und bis 1930 hinziehend der Abzug der Besatzungstruppen aus Ruhrgebiet und Rheinland. Deutschland wurde 1926 in den Völkerbund aufgenommen und schloß gleich darauf die Berliner Freundschaftsverträge mit den Russen. Ein von den Linken angestrebter Volksentscheid über die entschädigungslose Enteignung der Fürsten ging daneben, die Arbeitslosenversicherung wurde 1926 eingeführt, und mitten in die Erholungsphase der deutschen Wirtschaft hinein platzte der New-Yorker Börsenkrach. Ausländische Kredite und Kapitalien wurden abgezogen, Firmen krachten zusammen und im Juli 1931 gab das den ersten Bankenkrach in Deutschland.

Bankenkrise,
Wirtschaftskrise,
Weltwirtschaftskrise.
Die Zahl der Arbeitslosen schwankte bisher zwischen 1,5 und 3,5 Millionen, jetzt stieg sie plötzlich auf über sechs Millionen. Und wieder regierte man in Deutschland mit Notverordnungen (Kabinett Brüning), worauf die Bevölkerung mit Streiks und Demonstrationen antwortete.

Die Weimarer Republik erbte nicht bloß die Wirtschaftsmisere vom Kaiserreich, sondern auch die Revolution. Die setzte sich noch fort bis weit über den 19. Januar 1919 hinaus; eigentlich sogar bis 1933 –.

Kommunistische Streiks und Aufstände waren an der Tagesordnung, in Berlin, Hamburg, Braunschweig, im Ruhrgebiet, in Oldenburg und Bremen, in Mitteldeutschland. In München wurde sogar die Räterepublik ausgerufen. Und überall da tauchten auch die Freikorps auf und verhinderten die zweite Revolution. – Der erste rechts-konservative Putschversuch gegen die sozial-republikanische Regierung scheiterte im März 1920 (von Lüttwitz/Kapp), aber weder die Putschisten noch die Regierung haben sich damals mit Ruhm bekleckert und Wehrminister Noske mußte daraufhin seinen Hut nehmen. – Im Ruhrgebiet gab das jetzt schon eine *Rote Armee* und die Reichswehr wurde eingesetzt. Neue Aufstände von links in Mecklenburg und wieder in Mitteldeutschland. Mit französischer Unterstützung fingen die Separatisten an mit ihrer Wühlarbeit im Rheinland und in der Pfalz. Polnische Freischaren brachen in Oberschlesien ein. Die Kommunisten trennten sich von den unabhängigen Sozialdemokraten. 1921 und 1922 immer wieder kommunistische Aufstände, gebietsweise, und so nebenher auch ein paar politische Morde, von links und von rechts. Die Bayern wollten wieder 'mal ihren eigenen Staat. Aber endlich gab es auch ein Republikschutzgesetz und einen Reichsgerichtshof. Hier und da noch ein paar Aufstände und denn hatten die Leute halberlei begriffen, daß Demokratie nicht Auseinandersetzung mit dem Staat heißt, sondern Auseinandersetzung mit dem politischen Gegner. Also verhauten sie sich ab sofort bloß noch gegenseitig.

Das *käufliche Separatistengesindel* – so nannte sie Reichskanzler Marx – konnte die Rheinische und die Pfälzische Republik nicht durchsetzen; die Deutschen wollten deutsch bleiben. Und auch Hitler/Ludendorff scheiterten mit ihrem Rechtsputsch in München. Das war in der hohen Zeit der Inflation, in einer Zeit, in der die Unzufriedenheit im Reich groß war und alle extremen Gruppen – egal ob links oder rechts – sehr regen Zulauf hatten. Hier die Stichworte aus einer Werbeanzeige des rechtsorientierten WEHRWOLF vom Januar 1924:

> Sammlung aller Volkskreise,
> Erweckung vaterländischer Gesinnung,
> Pflege der Kameradschaft,
> Verantwortungsgefühl,
> Treue,
> Wahrhaftigkeit,
> Manneszucht und Mut.

Damit konnte man die Leute ansprechen. Das erinnerte sie an die nun schon verklärt gesehenen, glücklichen Kaiserzeiten, *in denen die deutschen Ideale noch 'was galten*. Und weil die Sache nicht gleich so reolutionär aussehen sollte – den Gemäßigten mußte man ja auch 'was anbieten, deshalb hieß das da noch

> Unterstützung der Reichsregierung
> ohne Ansehen der Partei.

In dieser Zeit gründeten auch die Nationalsozialisten ihre *Sturmabteilungen* (SA). Deren Gegenspieler waren das *Reichsbanner* und der rote *Frontkämpferbund*.

Dies war die Zeit, in der die Nationalsozialisten im ganzen Reich mehr und mehr aktiv wurden, auch in Rendsburg. Göbbels kam hierher. Ich weiß nicht genau, wo er seine große Rede hielt, im APOLLO – wie einige sagen, oder in der STADTHALLE – wie andere meinen, aber so wichtig ist das ja nicht. Auch damals war das so üblich, daß die politischen Gegner sich bei ihren Versammlungen gegenseitig besuchten und da Krawall machten. Für solche Fälle brauchte man Saalordner oder einen Saalschutz (SS), wie das bei den Braunen hieß.

Uns'n Willi war für solche Aufgaben gerade der richtige Mann. Groß, breit, kräftig, blond, blauäugig, das war genau der Typ, den sie brauchen konnten und der auch gleich angenommen wurde. Übrigens – diesen *deutschen* Menschentyp haben nicht erst die Nationalsozialisten erfunden; schon die Preußen mochten ihn gut leiden, die deutschen Freiheitskämpfer des 19. Jahrhunderts auch, und auch schon im Kaiserreich war dies für viele Frauen das modische Idealbild des *deutschen Mannes*. – Wie gesagt, Willi konnten sie gut gebrauchen, er ging ja auch keiner Schlägerei aus dem Weg. Zwei Mark sollte jeder Helfer kriegen und Mitglied konnten sie auch gleich werden.

Die Versammlung verlief eigentlich ganz ruhig. Zwischendrin in der Rede fingen da 'mal welche an zu maulen, aber uns'n Willi und Karl Scheer, einer von seinen Freunden damals, sie waren auf Draht:

„Wenn Ju nich still sünd, denn giff dat wat vör de Schnut."

Die Ruhe war wieder hergestellt und Göbbels seine 'mal scharfe, 'mal warmherzig werbende Stimme tönte weiter durch den Saal.

Nachher kriegten sie wohl jeder zwei Mark, aber kein' Köm und kein Bier, so wie Willi sich das gedacht hatte. Jeder kriegte einen kräftigen, sozusagen einen „deutschen Händedruck" und denn waren die Kameraden weg. Was zurück blieb, das waren Kneipenbrüder, Leute – die weder zu dieser noch zu jener Partei gehörten, aber immer da zu finden waren, wo über andere geschimpft wurde, egal ob nach links oder nach rechts.

Für Willi war das nicht so gelaufen wie er sich das gedacht hatte, und deswegen ging er da auch nicht wieder hin.

Reichspräsident Ebert starb im Februar 1925. Sein Nachfolger war der Generalfeldmarschall von Hindenburg, ein alter, aufrechter, siegreicher Armeeführer, ein Recke von der Art, wie ihn die Deutschen liebten, genau das Gegenteil des weiland Friedrich Ebert. Hindenburg war das Sinnbild der Sehnsucht aller Deutschen damals, nach deutscher Freiheit, nach deutschem Recht und nach deutscher Ordnung. Er wurde in der Direktwahl mit überwältigender Mehrheit gewählt. Die Leute liebten ihn heiß und innig, besonders als er 1927, bei der Einweihung des Tannenberg-Denkmals, eine feierliche Erklärung abgab gegen die in der Tat borniert Kriegsschuldlüge der Alliierten.

Wirtschaftskrise.
Krise der Demokratie.
Da war in all' den Jahren keiner da, der den Leuten DEMOKRATIE erklärte oder vorlebte, und da war auch keiner da, der den Leuten 'mal erklärte, wieso sie sich denn gefälligst über ihre demokratische FREIHEIT zu freuen hätten. Aber das konnte ja wohl auch keiner, denn bis jetzt war die Demokratie nur von einer Krise in die andere geschlidert. Bis jetzt hatten sie sich im Reichstag bloß gestritten und bekämpft – mit Haken und Ösen, so wie die Parteien im Lande mit Fäusten, Knüppel und Revolver um die Mehrheit kämpften. Darin waren sie übrigens alle gleich tüchtig, die

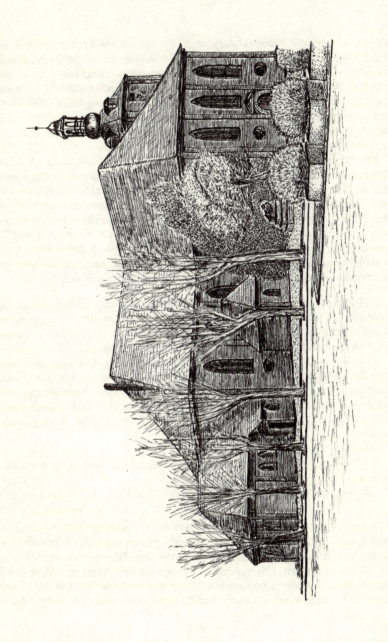

Kommunisten, die Nationalsozialisten, die Sozialdemokraten und wie sie alle hießen; die Zeitungen von damals beweisen das. Und ob die Nationalsozialisten nun uniformiert und straff organisiert 'rumhauten, oder die anderen in losen Gruppen und Haufen, das bleibt zum Schluß egal, auch auf das Mehr oder Weniger kommt es nicht an. Enttäuschung und Opfer – tote wie verwundete, hat es auf allen Seiten gegeben und das ist bezeichnend für die Art, wie der Meinungsstreit damals gewiß nicht demokratisch ausgetragen wurde.

Die Weimarer Republik sei, so wird uns das nun erzählt, an der Vielfalt der Parteien gescheitert (1933 bewarben sich alleine fünfunddreißig davon um die Sitze im Reichstag). Genug Parteien gab das damals – gewiß, aber es ist nichts anderes als eine bequeme Ausrede, eine Schutzbehauptung für den Ungeist der damals verantwortlichen Akteure, wenn sie gerade dem – was Demokratie ausmacht – die Schuld am Scheitern ihrer Republik zuschieben. Die Demokraten von damals haben versagt, daher kamen die vielen Parteien. Parallelen zu heute bieten sich an: Sie reden – aber sie überzeugen nicht, sie predigen Ideale – aber sie leben sie nicht! –

Politische Schlägereien gab das auch in Rendsburg, in den Altstädter Gärten, auf den Wegen hinter dem Bahndamm an der Obereider, im Kindergarten. Die letzte große Schlägerei war am 10. Januar 1932 am oberen Ende der Herrenstraße, bei der Infanteriekaserne.

Die SA hatte sich im Schützenhof zu einem ihrer üblichen Sonntagsappelle versammelt. Das war so 'ne Art politischer Gottesdienst, kein Frühschoppen. Alle waren in Uniform gekommen, die Büdelsdorfer teilweise mit Fahrrädern. Die ganze Woche über war das in der Stadt schon ruhig gewesen, zu ruhig – könnte man sagen. Jetzt erzählte einer, er habe so über vielerlei Ecken gehört,

„de Roten wüllt uns hüt öberfallen."

Und die Büdelsdorfer hatten alle zusammen auf dem Weg nach hier gesehen,

„de loop dar all in groode Hoopens 'rüm."

Kundschafter wurden losgeschickt und denn war die Sache bald klar. Die Sozis, auch 'n paar Kommunisten dabei, die hatten sich beim Kleinbahnhof, beim Amtsgericht, beim Wasserturm und an der Herrenstraße in mehreren Haufen versammelt. Offensichtlich wollten sie den Nazis den Weg durch die Stadt nach Hause abschneiden. Diese nun telefonierten mit der Polizei und baten um Schutzbegleitung. Die Polizei jedoch wies erst 'mal die ganze

Geschichte von sich, und im übrigen seien auch gar nicht genug Beamte da, aber

„... wir können ja 'mal einen unserer Leute mit's Rad 'rumschicken. Der kann sich das 'mal ansehen und denn könn' wir ja 'mal weitergucken."

Nach 'ner Stunde telefonierte die Polizei denn durch,

„da ist alles ruhig, für uns kein Grund zum Eingreifen." –

In geschlossener Gruppe wollten sie nach Hause gehen, Marschformation, die mit den Rädern am rechten und linken Flügel zur Deckung,

„... Und damit wir sie nicht direkt in de Arm's laufen tun, marschiert wi över der oole Kieler Landstraat un denn dörch de Kaiserstraat na de Herrenstraat 'rin, de is breed genog. Sünd de op de een Sied, denn gaht wi na de anner Sied, sünd de op de anner Sied, denn gaht wie na de eene Sied. Abers jümmer schön tosamen blieven, denn wenn se een van uns alleen tofaten krieg', denn hett de nix mehr to lachen. All'ns klar ? – Denn los."

Das war nachmittags um drei.

In der Herrenstraße standen sie, die Sozis und die Kommunisten, überall an den Häuserfronten. Und *de een Sied* oder *de anner Sied* nützte den SA-Leuten gar nichts. Nicht eine Schlägerei wartete auf die zackigen Kameraden, sondern ein Hagel von Pflastersteinen (wer das Kopfsteinpflaster in der Herrenstraße kannte, der weiß jetzt Bescheid). Ein paar waren sofort kampfunfähig, die anderen zogen sich prügelnd zurück. Ob der Kampf fünf oder zehn oder zwanzig Minuten oder gar 'ne halbe Stunde gedauert hat, das wußte nachher keiner mehr zu sagen, nicht die Roten, nicht die Braunen und auch nicht die entsetzten Zuschauer in den Häusern. Einundzwanzig SA-Leute blieben auf der Strecke, zwei davon bewußtlos. Sie mußten alle im Krankenhaus versorgt werden, einer starb noch am gleichen Tag: Richard Menzel, ein junger Malergeselle aus Büdelsdorf, ein netter, ehrlicher Kerl, den alle gut leiden mochten. Seine Braut erwartete gerade ein Kind von ihm. –

Willi Mumm war ein weiteres Opfer dieser Sache, oder besser gesagt – ein Opfer der Folgen.

Das war in Büdelsdorf auf dem Knast, früher Sonntagnachmittag. Die Leute hielten noch ihren Mittagsschlaf oder dachten langsam an's Kaffeetrinken, 'n paar Kinder spielten auf der Straße, einer der Nachbarn stand hinter seiner Pforte – wollte wohl 'was frische Luft schnappen. Plötzlich kam Willi Mumm angerannt. Ohne Kaffee, bloß 'n Stück Platenkuchen in der Hand, so war er von zu Hause losgelaufen.

„Dag, Max."

„Dag, Willi, Nanu, Du hes' dat ja bannig hild."

„Ja, Du, ick will na Rendsborg. Dar sall hüt dull wat los sien. De wüllt de Nazis verhau'n, heff ick man eben vun Hans Krähenbrink höert. Kumm doch mit, Mensch, den Spaß mud man sick doch ut de Neech ankieken."

„Nee – nee, Willi, dat is nix för mi. Loop man los un denn kanns' uns dat ja naher all'ns vertelln."

„Ja – ja, Du dat do ick gewiß ..."

Und damit rannte er denn auch schon weiter. Sonntags hatte Timm Heinrich Sievers immer irgendwelche Aushilfsfahrer in seinem Ommibus. Die konnten ruhig zusehen wenn da noch einer angerannt kam. Wenn die Zeit 'ran war, denn fuhren die einfach los. Ganz anders waren die Stammfahrer, aber die kannten ja auch ihre Fahrgäste und wußten so ziemlich, wann Oma Gosch zu ihrem Orthopäden oder Opa Hansen zu seiner Tochter mußte usw. usw. Man kannte sich, die Welt war klein.

Willi schaffte den Omnibus, aber in Rendsburg kam er zu spät an. Die Schlacht in der Herrenstraße war gerade zu Ende, aber da standen noch welche von den *Siegern* an den Ecken 'rum, an der Prinzessinstraße und an der Münzstraße. Willi stellte sich dabei. Er wollte wenigstens 'was hören, wenn das da schon nichts mehr zu gucken gab.

Er hatte Pech.

Man eben hatte er das erste Heldenstück gehört, da schrillten auf einmal die Trillerpfeifen und denn waren sie auch schon von den Gendarms umzingelt. Die hatten sich wohl doch noch an ihre Pflichten erinnert, sicherheitshalber 'n bißchen 'was später als das für die SA-Leute gut gewesen wäre. Die Polizei kam damals ja öfter zu spät, für alle Seiten und nicht bloß in Rendsburg.

Alle Mann mitkommen zur Wache. Da wurden denn erst 'mal die Personalien aufgenommen, von allen. Nach erster Vernehmung durften die wieder abhauen, die nachweisbar mit der Sache nichts zu tun hatten. Die übrigen wurden inhaftiert und den nächtsen Tag in das Untersuchungsgefängnis nach Neumünster abtransportiert. Das sollen so an die achtzehn Mann gewesen sein, Willi Mumm war auch dabei.

Wieso Willi Mumm? – Ja nun, die Rendsburger Gendarms hatten sich für ihren heldenhaften Großeinsatz Verstärkung kommen lassen – aus den umliegenden Gemeinden, dabei auch aus Büdelsdorf. Die Büdelsdorfer Beamten aber hatten ihren lieben Freund Willi unter den Festgenommenen gesehen:

„Nee – nee, Mumm, versuchen Sie man gar nicht erst, sich da 'rauszuschnacken. Sie sind uns als Schläger bekannt und denn –, sagen Sie 'mal, war da nicht auch noch die Sache mit Barkholz zu klären? Waren Sie das nicht, der den Beamten nachts überfallen hat? Nein? Na, wie Sie wollen, wir sorgen schon dafür, daß Sie genug Zeit zum Nachdenken kriegen. – Abführen."

Nach und nach kamen die Inhaftierten alle wieder nach Hause, die Ersten schon nach einer Woche, der letzte nach acht Wochen. Das war Willi Mumm.

Mitten in der Woche kam er an einem Vormittag mit dem Omnibus an und ging längs den Knast nach Hause. Diesmal stand nicht Nachbar Max an der Pforte, aber dessen Frau putzte gerade die Stubenfenster, die gingen da nach der Straße 'raus. Nicht einmal, zweimal mußte sie hingucken um den Mann da überhaupt zu erkennen, so abgerissen, so ungepflegt, so bleich und mager hatte sie Willi noch nie gesehen, und er hielt sich den Kopf, mit beiden Händen.

„Um Gotteshimmelswillen, Willi, wie süs' Du denn ut. Is wat passeert, sall ick Di wat hölpen?"

„Nee – nee, Klara, dankeschön, lat man. Mi hebbt se jüs' entlaten. Jümmers hebbt se mi ...", die Tränen liefen ihm dabei über das Gesicht,

„… jümmers hebbt se mi mit de Gummiknüppels op den Kopp haut un nu heff ick so dulle Wehdage, dat ick furts in 't Krankenhuus sall." –

Viel mehr gibt das über Willi Mumm nicht zu erzählen. Noch viereinhalb qualvolle Jahre hatte er vor sich. Am 24. November 1936 ist er gestorben, an einer verschleppten Mittelohrentzündung – wie es offiziell hieß, oder an einem *Gummiknüppel*-Tumor – wie die Nachbarn flüstern.

*

VERZEICHNIS DER ILLUSTRATIONEN

	Seite
Am Untereiderhafen, Packhaus	15
Kanalbrücken im Winter	21
Altstadtpanorame	25
Am Kirchhof (An der Marienkirche)	29
Blick auf die Marienkirche	34
Mühlenstraße	41
Nienstadtstraße, Café Tonhalle	46
Obereiderpanorama	50
Grafenstraße, Gaststätte Palme	53
Hauptwache	59
Obereiderstraße/Ecke Münzstraße	64
Schleusentor Obereiderhafen	70
Pulverschuppen	74
Materialhofstraße	81
Haus des Arbeitervereins von 1848	83
Blick auf die Marienkirche	89
Mädchen-Realschule	91
Mühlenstraße	97
Germania am Paradeplatz	103
Carlshütte, Panorame	107
Königinstraße	109
Harmonie/Clemensches Haus	113
Café Albert	118
Alte Straßenlaterne	120
Elektra	123
Zwischen Bahndamm und Obereiderhafen	126
Stegengraben	131
Ein Hinterhof in der NeueStraße	134
Bahndammunterführung	137
Partie am Kanal	138
Blick in die Schleifmühlenstraße	143
Rathausecke am Altstädter Markt	149
Am Holstentor	152
Der Landsknecht einst	155
und heute	159

Viehmarkthalle	163
Prinzessinstraße	167
Jungfernstiegbecken	169
NeueKielerLandstraße/Bismarckstraße	172
Büdelsdorf, Hüttenweg	175
Katholische Kirche	177
Kirchenstraße	180
Denkerstraße	183
Idylle an der Eider	187
Büdelsdorf, Marienstift (Knast)	189
Büdelsdorf, Tivoli	195
Stellwerk am Bahnhof	199
Christkirche	203
Standortverwaltung, Ecke Materialhofstraße	206

Das Umschlagbild zeigt den Brunnen auf dem Schloßplatz.

gerd quedenbaum

Unser Knast war kein Gefängnis

Eider-Verlag

**HEITERE GESCHICHTEN
AUS BÜDELSDORF**

verbergen sich hinter dem provozierenden Titel des Buches.
Schon in der Einleitung wird die Geschichte der Gemeinde Büdelsdorf und ihrer Nachbarstadt Rendsburg mit einem Augenzwinkern dargestellt. In den Kapiteln

Der Knast
Ein Kinderparadies
Gegend und Umgegend
Freund und Feind
Schule
und
Winter

erfährt der Leser dann viele Einzelheiten, die in keinem Geschichtsbuch zu lesen sind.
In diesem Buch zeichnet der Autor das Bild seiner Heimatgemeinde, der Menschen und ihrer Gewohnheiten nach seinem eigenen Erleben in den dreißiger und vierziger Jahren.
Nüchternes und Heiteres, Ernstes und Fröhliches gemengt mit etwas Poesie wird hier gekonnt dargereicht.

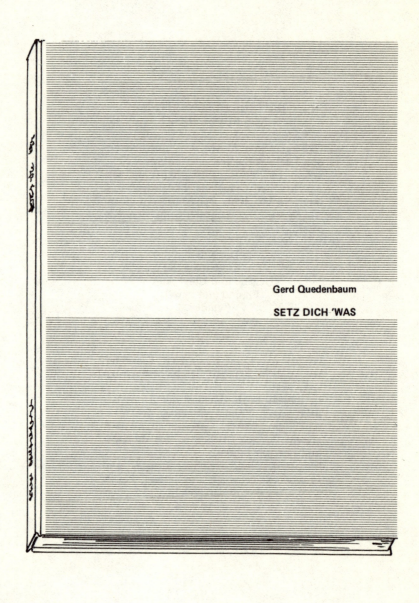

SETZ DICH 'WAS

...das sind drei Erzählungen unterschiedlicher Art:

I. WIEBKE BRUHNS und die Prügelstrafe
Um 1841 wird -nach richterlichem Urteil- eine junge Hausmagd öffentlich bestraft. Sie schreibt ihre Geschichte auf und wird dadurch zur erfolgreichen Mitstreiterin um die Abschaffung der Prügelstrafe.

II. TANTE ANNA
Sie war eine weithin bekannte Gastwirtin in der Schleuskuhle. Aber wer kannte sie wirklich?

III. KARTOFFELN muß man von Borgstedt holen
Meta Hinz hatte sich dafür eine besondere Lösung ausgedacht. Sie machte aber eine schmerzhafte Erfahrung, - sehr zum Nutzen für alle Beteiligten.

SETZ DICH 'WAS

...das sind heitere Geschichten mit ernsthaft besinnlichem Hintergrund, vor dem etwas von dem Wesen und etwas von dem Alltag der Menschen an der Eider deutlich wird.